桓檀古記
三聖紀

_____님께 드림

三聖紀

발행일	2009년 5월 15일 초판 2쇄
역주	안경전
펴낸곳	상생출판
주소	대전시 중구 선화동 425-28번지
전화	070-8169-0006
팩스	042) 256-8042
E-mail	sangsaengbooks@sangsaengbooks.co.kr
출판등록	2005년 3월 11일 (제175호)

배본 대행처/대원출판

ISBN   978-89-957399-5-2

桓檀古記

三聖紀

안함로 安舍老 · 원동중 元董仲 찬 撰

안경전 安耕田 역주 譯註

이 책을 발간하면서

역사는 인간의 정신을 담는 그릇이다!

왜냐하면 역사는 과거에 일어난 사실의 단순 나열이 아니라 하늘과 땅을 아버지와 어머니로 삼고 그 자녀로 살아가는 인간의 가장 의미있는 정신 활동의 기록인 것이다. 따라서 **무정신의 역사는 죽은 역사다**. 본서는 잃어버린 동방 한민족의 충격적인 7천 년 시원 역사의 실상과 그 핵심 문제들을 통찰, 거기에 담긴 동방문화 정신사의 본래 면목을 드러내고자 집필하게 되었다.

먼저 1979년에 간행된 **동방 상고上古 역사서의 최고最古 고전이자 동방 신교 문명의 실상을 밝혀주는 정통 사서의 최종 결론**인 『환단고기桓檀古記』를 구성하는 다섯 종류의 사서史書 중 그 첫 번째인 『삼성기三聖紀』의 내용을 소개하고자 한다.

이를 위해 『삼성기』가 실린 『환단고기』는 과연 어떤 책인지, 『환단고기』의 사료적 의의, 저자, 출판 내력 등을 알아보는 것으로써 간행사를 대신하고자 한다.

1. 『환단고기』란 어떤 책인가

1) 한민족의 시원 역사를 밝혀주는 『환단고기』

중국과 일본에 의해 한민족의 뿌리역사가 왜곡되고 수십만 권의 역사서들이 사라졌으나, 다행히 진실을 밝힐 수 있는 귀중한 문헌들이 현존하고 있다. 북애노인北崖老人의 『규원사화揆園史話』와 계연수의 『환단고기桓檀古記』, 그리고 일연一然의 『삼국유사三國遺事』 등이 그것이다. 물론 『삼국유사』는 불교의 안목으로 윤색되어 시원역사의 전모를 밝혀주는 데는 한계가 있으나, 우리 역사의 진실을 엿볼 수 있는 내용이 기록되어 있어 역시 소중한 자료이다.

『환단고기』는 독립운동가인 운초雲樵 계연수桂延壽(1864~1920)가 안함로安含老(579~640)와 원동중元董仲(생몰연대 미상)의 『삼성기三聖紀』, 행촌杏村 이암李嵒(1297~1364)의 『단군세기檀君世紀』, 범장范樟(?~1395)의 『북부여기北夫餘紀』, 일십당一十堂 이맥李陌(1455~1528)의 『태백일사太白逸史』 등을 한 권으로 엮어 1911년에 간행한 책이다. 여기에는 잃어버린 한국의 7천 년 상고 역사와 문화의 정수가 고스란히 담겨 있다.

그런데 이렇게 한민족의 정통 사서들이 분명히 남아 있음에도 불구하고 제대로 연구되고 교육되지 않은 까닭은 무엇일까? 이 땅의 양식 있는 사람이라면 누구도 이런 의혹을 가질 것이다. 그 이유는 현 역사학계에서 『환단고기』를 100% 조작된 책이라고 단정하고 있기 때문이다. 지금의 강단사학자들은 '문화文化', '평등平等'과 같은 근대적 술어가 쓰여 있다는 것을 비롯한 몇 가지 이유를 들어 이 책의 사료적 가치를 완전히 부정하면서, 일제 때 독립 운동가들이 민족주의를 고양하기 위해 만든 책이라고 주장한다.

『환단고기』에 대해 위서僞書 운운하는 역사학자들 대다수는 '한민족의 정신사(신교神敎의 삼신三神 우주관)'에 대한 인식이 결여되어 우리 역사를 보는 올바른 안목을 갖고 있지 못하다. 우리의 시원문화인 **삼신문화三神文化의 역사관**으로 한민족의 태고 역사를 기록하였음에도 이 땅의 학자들에게 조차 인정받지 못하는 『환단고기』의 비운은 뿌리문화가 말살된 한민족사의 참담한 현실을 그대로 반영하고 있다.

물론 '이 책의 사료적 신빙성을 완전히 부정할 수는 없다'고 주장하는 일부 학자도 있다. 고려 공민왕 때의 좌정승이자 『단군세기』의 저자인 행촌 이암의 생애를 연구한 한영우 교수는 '현재의 『단군세기』가 후세에 가필된 부분은 있으나 행촌이 지은 모본母本을 토대로 한 것'이라는 견해를 밝혔다.[1] 그리고 강단사학자들이 『환단고기』를 위서라고 주장하는 데 대해 한가람 역사문화원 이덕일 소장은 "그들 비판의 상당부분이 내용에 대한 충분한 검토 끝에 나온 '본질적인 부분'이라기보다는 '자구字句의 사용례'에 매달리는 지엽적인 부분에 얽매인 감이 없지 않다"고 하면서 "굳이 전해진 책을 조작할 필요성은 존재하지 않는다"고 하였다.[2]

우리의 전통 사서인 『환단고기』를 무조건 송두리째 부정하는 것은 한국 사람으로서 문화의식은 물론 살아 온 삶 자체를 전면 부정하는 것이다.

1) 한영우 외 공저, 『행촌 이암의 생애와 사상』, 일지사, 2002

2) 이덕일, 『우리역사의 수수께끼1』, 김영사, 2000

2)『환단고기』의 내용과 의의

『환단고기』는 신라 고승高僧 안함로에서부터 조선조 이맥에 이르기까지 약 천 년의 세월에 걸쳐 저술된 사서들이 하나로 묶여진 책으로 삼국시대 이전의 고대사를 다룬 귀중한 몇몇 사서들 중에서도 독보적인 가치를 지니고 있다.

우선 이 책이 서술하고 있는 시대 범위가 국정교과서 조차 실존을 인정하지 않는 우리 상고역사의 조선(고조선) 시대뿐만 아니라, 그 이전의 환국桓國과 배달국倍達國 시대까지 망라한다. **환국, 배달, 조선이라는 삼성조三聖祖**의 역대 임금의 이름, 재위연수 그리고 그 치적까지 실감나게 기술하고 있는 것이다.

『환단고기』의 내용 가운데 가장 주목해야 할 점은, 고조선 시대에 나라를 다스리는 통치 제도로서 **신교 삼신문화의 삼한관경제**三韓管境制가 실시 되었다는 사실과 고조선이 망하고 그 후 열국시대로 계승되는 과정을 매우 구체적으로 이야기하고 있다는 것이다.

고조선 이전의 역사를 비롯하여 삼한의 기원과 변천 과정, 고조선에서 북부여로의 계승 문제 등 상고사 전반을 해명하고 있는『환단고기』야말로 뿌리역사를 잃은 현시점에서 한민족 고대사의 복원과 전반적 이해에 도움을 주는 가장 든든한 주춧돌이라 할 수 있다.

이러한『환단고기』에 담긴 한민족의 역사 정신, 문화 정신이 무엇인지, 그리고 이 책이 지닌 사료적 가치와 의의는 무엇인지를 정리해보면 다음과 같다.

첫째, 『환단고기』는 천지의 광명정신과 역사정신인 환桓, 단檀, 한韓의 원뜻을 밝혀준다.

둘째, 『환단고기』는 동방 한민족의 뿌리역사를 밝히는 한민족사의 대성전大聖典이다.

셋째, 『환단고기』는 한민족의 시원종교이자 동서양 인류 문화의 근원종교Ur-religion인 '신교神敎'의 실상과 세계관을 밝히는 한민족 고유 도가사서의 결정판이다. 간단히 말해서 신교문화의 도가사서道家史書로서 동방 시원 역사의 진실을 밝히고 있다.

넷째, 『환단고기』는 무엇보다 한민족사의 국통國統맥을 바로잡아 놓은 유일한 사서이다.

그 누구도 성서聖書가 없는 기독교를 상상할 수 없을 것이다. 『구약성서』는 유대족의 경전이자 역사서이다. 그렇다면 동방 문화의 뿌리인 '신교 삼신문화'의 역사관으로 쓰인 『환단고기』는 우리 한민족의 경전이요 성서라 할 수 있다.

한민족 뿌리역사의 웅대한 실상을 삼신문화의 역사관으로 여과 없이 보여주는 『환단고기』를 통해, 이제까지 신화의 세계, 또는 미개한 선사시대로 왜곡되었던 우리의 고대사는 근본적으로 재조명되어야 한다. 또한 세계문명의 기원에 대해서, 중국사와 일본사에 대해서도 새로운 역사해석의 체계를 세워야 한다.

2. 『환단고기』의 구성

『환단고기』는 해학海鶴 이기李沂 선생이 교열校閱하고 운초 계연수 선생이 합편한 것으로,

① 『삼성기三聖紀 상上』(안함로安含老 찬撰)
② 『삼성기三聖紀 하下』(원동중元董仲 찬撰)
③ 『단군세기檀君世紀』(이암李嵒 편編)
④ 『북부여기北夫餘紀 상·하上下』(범장范樟 편編)
⑤ 『태백일사太白逸史』(이맥李陌 찬撰)

등의 5개 사서로 구성되어 있다. 이 가운데 『태백일사』는 다시

① 「삼신오제본기三神五帝本紀」
② 「환국본기桓國本紀」
③ 「신시본기神市本紀」
④ 「삼한관경본기三韓管境本紀」
⑤ 「소도경전본훈蘇塗經典本訓」
⑥ 「고구려국본기高句麗國本紀」
⑦ 「대진국본기大震國本紀」
⑧ 「고려국본기高麗國本紀」

의 8편으로 이루어져 있다.

그런데 『환단고기』에는 현재 전해지지 않는 십여 권의 역사 문헌

들이 인용 또는 소개되고 있는데,

①『대변경大辯經』
②『표훈천사삼성밀기表訓天詞三聖密記』
③『고려팔관기高麗八觀記』
④『배달유기倍達留記』
⑤『삼한비기三韓秘記』
⑥『신지비사神誌秘詞』
⑦『오제설五帝說』
⑧『유기留記』
⑨『태백진훈太白眞訓』
⑩『진역유기震域留記』
⑪『진단구변도震檀九變圖』
⑫『조대기朝代記』

등이다.

이 가운데『대변경』,『삼성밀기』,『조대기』는 안함로·원동중의
『삼성기』와 더불어, 조선 7대 임금 세조가 8도 관찰사에게 수거하
도록 명한 사서 목록에도 그 이름이 확인되고 있다.

3. 『환단고기』의 저자와 출간 내력

1) 감수자 해학海鶴 이기李沂

『환단고기』는 그 출간 내력에도 숱한 사연을 간직하고 있다.

『환단고기』를 감수한 **해학 이기**(1848~1909)는 전라도 만경 출생으로 유형원柳馨遠 · 정약용丁若鏞 등의 학통을 계승한 실학자였다.

고종 31(1894)년 동학혁명이 일어나자 그는 전봉준 장군에게 '군중을 이끌고 서울로 쳐들어가 국왕 주변의 간사한 무리들을 제거하고 왕을 받들어 국헌을 새롭게 하자'고 제의하였다. 이에 전봉준이 찬동을 하고, 김개남 장군의 동의를 얻도록 권하였다. 그리하여 김개남을 만나기 위해 남원으로 갔으나 김개남이 면담을 거절하고 도리어 그를 해하려 하자 목숨의 위협을 느껴 구례求禮에 있는 자택으로 돌아왔다.

그 후 1905년 미국에서 포츠머스 조약이 체결될 때 그는 조선의 처지를 호소하기 위해 나인영羅寅永(나철羅喆, 1863~1916)과 미국으로 건너가려 하였으나 일본공사의 방해로 실패하고, 그해 일본으로 건너가 일왕과 일본 정계 요인들에게 조선 침략을 규탄하는 서면항의를 하였다. 그해 11월 을사조약이 체결되자 귀국하여 한성사범학교에서 교편을 잡는 한편, 장지연張志淵, 윤효정尹孝定 등과 대한자강회大韓自强會를 조직하여 항일운동과 민중계몽운동에 헌신하였다.

1907년 나인영, 오기호, 윤주찬, 김인식 등과 자신회自新會를 조직하여 을사오적乙巳五賊 암살을 계획하였으나 실패하고, 이 일로 체포되어 7년의 유배형을 받고 진도로 귀양갔다.

2년 후 석방되어 서울로 돌아와 『호남학보湖南學報』를 발행하면서 민중계몽운동을 하다 국세가 기울어지자 곡기를 끊고, 1909년 5월 25일 62세로 한 많은 일생을 마쳤다. 저서로는 『해학유서海鶴遺書』가 있으며, 1968년 건국훈장 독립장이 추서되었다.

2) 편찬자 운초雲樵 계연수桂延壽

『환단고기』를 엮은 운초 계연수는 해학 이기의 문인門人으로 독립운동단체인 천마산대天摩山隊, 서로군정서西路軍政署, 의민사義民社, 벽파대碧波隊, 기원독립단紀元獨立團 등에서 활동하였다. 그러다가 1920년, 일본 밀정의 밀고로 헌병대에 체포되어 처형된 후 압록강에 그 시체가 버려지는 참혹한 죽음을 당했다. 당시 14세의 어린 나이로 독립군 천마산대 통신원으로 활동하였던 이유립은 압록강 현장에서 운초의 토막 난 시신이 수습되는 모습을 직접 지켜봤다고 한다.

운초는 『환단고기』를 묘향산 단굴암에서 편찬하여 1911년에 출간하였는데, 그 책의 범례에서 "이 책은 대한독립단 부총재였던 청산리대첩의 영웅 홍범도洪範圖와 정의부政議府 총사령관이었던 오동진吳東振(1865~1930) 양우兩友의 출금出金으로 출간하였으며, 우리 한사람 각자의 자아발견과 민족문화의 표출이념과 세계 인류의 공존이념을 위한 큰 축복의 성사"라고 하며, 한민족 창세 역사서의 출간에 대하여 감개무량한 소감을 전하고 있다.

그 후 그는 묘향산에서 「천부경」을 탑본拓本하여 1917년 1월 10일 서울의 단군교당으로 보냈다. 그 때 운초가 "『환단고기』는 다음 경신庚申(1980)년이 되거든 세상에 내놓으라"는 말을 하였다고 한다.

3)『환단고기』를 대중화시킨 한암당寒闇堂 이유립李裕岦

그 후 『환단고기』는 천마산대 대장 최시흥崔始興에게 전해졌고, 다시 서로군정서西路軍政署 이덕수李德秀를 거쳐 해방 후 평양에서 단학회檀學會[3] 기관지 『태극太極』의 주간主幹으로 활동하던 이유립에게 전해졌다. 이유립은 1946년 신년호 『태극』지에 신탁통치반대격문을 실었다가 구속되었는데, 이 사건 후 월남하면서 『환단고기』를 남한으로 가져왔다.

1949년에 오형기吳炯基가 『환단고기』를 개인적으로 공부도 하고 소장도 할 겸 필사를 하였는데, 이 필사본에는 오자가 많고 오형기가 임의로 써넣은 발문이 붙어있다. 이것을 조병윤이 1979년 7월 이유립의 허락없이 광오이해사光吾理解社에서 100부를 영인影印하여 출판하였다. 이로 인해 판권 문제와 조병윤의 파문 등 여러 문제가 빚어졌었다. 같은 해 10월, 단단학회에서는 오형기 필사본의 오자를 바로 잡은 새로운 필사본을 만들었으나 출판비가 없어 1983년에 이르러서야 배달의숙倍達義塾에서 100부를 발간하였다. 그리고 이 배달의숙본 『환단고기』[4]를 각 대학 도서관, 기관 및 단체에 기증하였으나 당시에는 아무도 관심을 갖지 않았다.

한편 광오이해사본 『환단고기』를 입수해서 일본어로 번역 중이던 일본인 변호사 가지마노보루[鹿島昇]가, 『자유』지誌를 발행한 박창암

3) 단학회檀學會 : 단단학회의 전신. 해학 이기가 주도하여 1909년 창립한 단체. 해학이 7월 13일 경성여관에서 절식자진絶食自盡한 후 운초 계연수가 2대 회장이 되었다. 1963년 이유립이 단학회를 단단학회檀檀學會로 개칭하였다.

4) 1911년에 계연수가 발간했다는 『환단고기』 초판은 그 판본의 존재 유무가 확인되지 않는다. 본서는 배달의숙본을 저본으로 사용하였다.

장군의 소개로 이유립을 찾아와 당시 이유립이 우리말로 해석하여 가지고 있던 『환단고기』 번역본을 빌려갔다. 그것을 자신의 일본어 번역서 출간 작업의 참고 자료로 쓴 후 이유립에게 돌려주었다고 한다.

가지마노보루는 『환단고기』를 '아시아의 지보至寶'라고 극찬하면서도 다른 한편으로 『환단고기』를 모독하고 한민족을 우롱하는 과오를 범하였다. 『환단고기』의 역사관을 왜곡하여 동방 한민족의 시

5대 사서	『환단고기』의 5대 사서史書 소장자와 발행 과정				
	『삼성기 상』	『삼성기 하』	『단군세기』	『북부여기』	『태백일사』
찬술자	안함로	원동중	이암	범장	이맥
소장자	계연수 집안에서 전해 내려옴	백관묵白寬默 (평안도 태천泰川의 진사)	백관묵 이형식	이형식李亨栻 (삭주 뱃골[梨洞]의 진사)	이기

『환단고기』 발행 과정	해학 이기가 교열한 5개 사서를 광무 15년(신해辛亥, 1911) 5월에 운초 계연수가 『환단고기』로 합편하여 30권 발간.
	  1949년 이유립이 월남할 때 가져온 『환단고기』를 오형기가 필사함. 이유립이 소장하고 있던 원본은 화재와 홍수로 분실.
	  1979년 7월, 조병윤이 이유립의 허락 없이 광오이해사光吾理解社에서 오형기 필사본을 영인본으로 100권 발행. 1983년 단단학회에서 오형기 필사본의 오자를 바로잡고 배달의숙본倍達義塾本 100부 발행.				

원역사가 중동 유대족의 역사로부터 발원하였다는 황당한 논리를 편 것이다.

당시 국내에서는 임승국, 이유립 등이 『환단고기』의 고대사 내용을 『자유』지에 수년 동안 연재한 덕분에, 우리 한민족의 상고 역사와 신교문화가 민족사학자들과 일부 청장년층들 사이에 조금씩 알려지고 있었다. 그때 일본 자국의 적극적인 지원을 받아 간행된 가지마 노부루의 『환단고기』 번역본이 역수입되어 들어오자, 한국 역사학계는 신선한 충격을 받았고 『환단고기』에 대한 대중들의 관심도 높아지게 되었다.

4. 『환단고기』에 얽힌 위서논쟁僞書論爭

일부 학계, 특히 강단사학계에서 『환단고기』에 대한 위서논쟁이 끊이지 않고 있다는데 그 핵심문제는 무엇인가?

현재 전하고 있는 『환단고기』는 1949년 이유립이 오형기로 하여금 정서시켰다는 광오이해사 오형기본과 이를 교정한 배달의숙본이 있는데, 문제의 발단은 그 책의 원본과 필사본 등이 사라졌다는 것이다. 그리고 여러 사람의 손을 거치면서, 특히 역사가가 아닌 비전문가의 필사와 인쇄 과정에서 본문과 주해가 혼동되기도 하고 근대어가 사용됨으로써 그 내용의 진실성에 의구심을 불러 일으켜 결국 위서 논쟁이 초래된 것이다.

『환단고기』가 위서라며 일방적으로 매도하는 학자들은 다음과 같은 이유를 들어, 『환단고기』를 기독교 사상에 익숙한 근대의 인물이 위작한 것이라고 한다.

첫째, 『환단고기』를 『단기고사』, 『규원사화』와 비교할 때 서로 모순되는 연대 기록과 당시의 국제관계 기술이 발견된다.

둘째, 『환단고기』를 구성하는 5권의 사서에 원래 그 사서들이 저술된 시대에는 사용되지 않았던 용어, 즉 국가, 문화, 평등, 인류, 세계 등의 근대어가 쓰이고 있다.

셋째, 『환단고기』에 나오는 삼신일체, 천지창조의 개념이 기독교 교리와 유사하다.

넷째, 수원 계씨 족보에 계연수란 인물이 나오지 않는 것으로 보건대, 계연수는 이유립이 꾸며낸 가공의 인물이며 『환단고기』는 이유립이 자작自作해서 세상에 출간한 것이다.

그러나 이것은 한마디로 **동방 한민족의 역사관의 기반을 이루는 '신교의 삼신문화'에 담긴 우주관, 신관, 인간관, 예술관, 역사관 등을 전혀 볼 줄 모르는 철학 없는 위인들의 소견이다.** 그들은 현존자료를 놓고 그 진실성과 의미를 밝히려 하기보다는 곁가지의 허점만 찾아 부각시킴으로써 핵심 내용까지 모두 부정하려 드는 것이다.

이 책을 엮은 운초 계연수 선생이나 감수자 해학 이기 선생, 출간을 한 이유립 선생이 모두 20세기 인물이라는 사실을 감안할 때 근대적 언어로 가필되는 것은 있을 수 있는 일이다. 그러나 가필이 꼭

위작일 수는 없다. 일부 술어와 연대의 고증이 문제가 될 수는 있으나 **인류의 시원사, 한민족의 국통맥, 한韓문화의 구조와 대세**를 밝혀 한민족의 정체성을 회복하는 데는 결코 문제가 되지 않음을 단언하는 바이다.

『환단고기』 내용 중 몇몇 가필된 부분은 대일 항전과정의 복잡한 상황에서 삽입된 것으로도 볼 수 있고, 또 이유립이 인물, 연대, 장소에 대해 오착된 부분과 부족한 일부 내용에 가필했을 가능성도 있다. 하지만 그것은 의도적인 조작과 첨삭에 의해서 행해진 것이 아니라 누구의 손에 의해서든 꼭 이뤄져야만 하는 **보정補正 작업으로 인식해야** 하며 그 보정조차도 미미한 정도에 그친다. 이것은 본서를 읽어가면서 확인하게 될 것이다.

인류사의 각 종교 경전들도 수백, 수천 년의 세월 속에서 끊임없는 가필과 재편집을 통한 보정 작업 끝에 오늘날의 경전으로 탄생되었다. 예를 들어 태호 복희씨로부터 공자에 이르기까지 여러 사람의 손을 거쳐 완성된 『주역周易』, 그리고 『덕경德經』과 『도경道經』의 본래 순서를 뒤집어 재구성한 노자의 『도덕경道德經』, 황제헌원을 가탁假託하여 전국시대를 거쳐 한漢대에 성립된 동양의학의 성서 『황제내경黃帝內經』, 불교의 『화엄경華嚴經』과 여러 경전 등이 모두 그러하다. 잘못 기록된 연대, 인물, 장소 등은 다른 역사기록과 비교하면서 수정, 보완 가필할 수 있는 것이다.

그런데 『환단고기』의 진실성을 더해주는 한 연구가 1993년에 있었다. 서울대 천문학과 박창범 교수가 이 책에 기록된, 고조선 시대에 일어난 목성, 화성, 토성, 금성, 수성의 다섯 행성 결집 현상을

5) 윤내현, 『고조선 연구』, 일지사, 1994

컴퓨터 시뮬레이션으로 확인해 낸 것이다. 이 발표 후 윤내현 교수는 "『환단고기』는 서지학적 검토가 이루어져야 한다"고 강조한 바 있다.[5]

이 책의 기록과 중국사서의 기록을 비교함으로써 이 책의 사료적 가치를 높인 학자도 있으며, 만주와 한반도 등에서 발굴되는 유물을 분석하는 과정에서 이 책의 신빙성을 높여주는 사실들이 발견되기도 하였다. 이로 볼진대, 『환단고기』는 결코 누군가에 의해 완전히 날조된 책이라고 할 수가 없다.

『환단고기』의 진위 여부에 대해 중도적 입장을 취하는 학자들은 이 책의 사료적 진실성은 수긍하나 서지학적 검토가 되지 않은 상태에서 이 책을 정통 사서로 활용하는 데에는 반대의 입장을 취하고 있다.

이처럼 복잡하고 특수한 한국 역사학계의 현실을 감안할 때 무엇보다도 시급히 요청되는 것은 고대사 복원의 실마리를 제공할 '문헌 사료의 종합 정보시스템'을 확보하는 일이라 하겠다.

지난 1983년에 『환단고기』 번역을 시작하여 『한의 뿌리와 미래』 상·하권으로 그 초고를 마쳤으나, 인류의 새 문화 원전 『도전道典』 작업에 밀려 이제야 그 일부 내용을 『환단고기』 제1권으로 출판하게 되었다.

그런데 다행스럽게도 지난 시간동안 『환단고기』의 주요 지역을 수차례에 걸친 현장 답사를 통해 고증할 수 있었으며 앞으로도 답사를 지속적으로 하여 철저한 현장 확인을 해 나갈 것이다.

  본서를 집필함에 있어 최대한 원문에 충실하여 정확한 번역이 되도록 최선을 다하였고, 중학생 이상이면 누구라도 쉽게 읽을 수 있도록 풀이하였다. 본서의 소고小考를 통해 『환단고기』가 한민족과 인류 시원문화의 황금시절을 되찾아 새 역사의 문을 여는 성전聖典으로 인식되고, 결코 소홀히 취급되어서는 안 될 소중한 역사서로 자리매김 되기를 바란다.

환기桓紀 9206년, 신시개천神市開天 5906년, 단군 기원 4342년
기축己丑(2009)년 정월 보름을 맞으며

증산도 종정
安 耕 田

『삼성기三聖紀』는 어떤 책인가

1. 인류와 한민족의 시원문화를 그려주는 위대한 사서, 『삼성기』

『삼성기』는 한민족 상고시대의 원형문화와 인류 시원문화의 핵심이 가장 압축적으로 정리된 상고역사서의 결정체이다. 한민족을 포함한 현 인류의 시원 국가인 환국桓國과 동방 한민족사의 출발점인 배달, 단군의 고조선시대로부터 중고사인 북부여와 고구려에 이르기까지 한민족사의 국통國統 맥을 우리 민족의 정신문화의 뿌리이자 토대인 신교神敎의 주체적 시각에서 가장 정확하게 잡아주는 사서史書이다.

외래문화와 반민족사가들의 민족혼 말살로 한민족 정통 사서들이 자취를 감춘 오늘의 현실에서, 본서는 한민족 고대의 비사秘史를 처음 접하고 이를 배우고자 열망하는 독자들에게 동방 한민족사의 전체 흐름을 개관하고 인류의 뿌리문화에 대한 안목을 틔워주는 필독서라 할 수 있다.

지금으로부터 6백여 년 전, 조선 초기만 해도 『삼성기』를 비롯한

10여 종에 달하는 한민족의 도가사서道家史書들이 민간에 널리 실재하고 있었다. 그런데 세조 때에 와서 성리학 중심의 통치이념과 사관史觀을 구축하기 위해 유교문화에 부합되지 않는 전통사서와 도서들을 지방 관찰사들로 하여금 모조리 수거하게 하였다. 『삼성기』도 세조의 '사서 수거령'에서 거론된 문헌 중의 하나였다.

그리하여 도가사서들은 역사 속에서 자취를 감추고 단지 책 이름과 저자 이름만이 기록에 남아 전해지고 있다. 그러다 일제강점기에 이르러 깨어 있는 역사의식의 혼을 품은 몇몇 지사志士들의 노력으로 그 사서들이 역사 무대 위에 다시 본래의 모습을 드러낼 수 있게 되었다.

계연수는 구한말 당시, 자신의 집안에 비전되어온 안함로의 『삼성기』와 태천泰川의 진사進士 백관묵白寬默이 소장한 원동중의 『삼성기』를 합쳐서 『삼성기전三聖紀全』을 편찬하였다. 신라 진평왕 때 승려 안함로가 찬술한 『삼성기』는 『삼성기 상上』, 고려시대 인물로 추정되는 원동중의 『삼성기』는 『삼성기 하下』로 이름을 붙였다. 이 『삼성기전』에 4개 사서를 더하여 『환단고기』를 펴낸 것이다.

『삼성기 상』의 저자인 안함로는 불교 도승道僧이지만 『삼성기 상』서두에서 보듯이 유·불·선儒佛仙 삼교합일의 언어를 구사하며 창세 역사를 서술하고 있다. 예를 들어 '독화지신獨化之神', '장생구시長生久視', '겸성지인兼聖之仁'과 같은 술어는 유·불·선이 회통會通한 문화의식이 돋보이는 언어들이다. 그리고 『삼성기 하』는 지금은 전하지 않는 역사서 『고기古記』와 『밀기密記』의 내용을 인용하고 있다.

이렇듯『삼성기』는 불교 중심의 사관으로 쓴 일연의『삼국유사』나 유학자 김부식의『삼국사기』와는 달리 유·불·선의 갇힌 시각을 벗어나 이들 문화의 근원인 신교의 보편 문화의식으로 서술된 사서이다. **한민족과 인류의 시원문화의 역사를 신교의 삼신문화 의식으로 그려 준 것이다.**

2.『삼성기』의 저자, 안함로와 원동중

1) 안함로(579~640)

속성은 김金씨이고, 다른 이름은 안함安含 또는 안홍安弘이며, 이찬伊飡[1]이었던 시부時賦의 손자이다. 신라 진평왕 때의 도승道僧으로 안홍법사, 안함태安含殆 화상이라고도 불리며, 신라 십성十聖 중 한 사람이다.

각훈覺訓의『해동고승전海東高僧傳』에 의하면, 안함로는 22세(CE 600, 진평왕 22년) 때 승려 혜숙惠宿과 함께 중국으로 가다 풍랑을 만나 되돌아 왔다. 그 이듬해 진평왕의 명을 받고 법사가 되어 수隋나라로 들어가 황제를 만나고 대흥성사大興聖寺에 머물렀다. 그곳에서 열반에 이르는 십승十乘의 비법과 심오한 경전의 뜻〔玄義〕과 진문眞文[2]을 공부하고 5년 후 서역西域의 승려들과 함께 귀국하였다. 그의 귀국이『삼국사기』에는 진흥왕 37년(576)의 일로 기록되어 있어 조금의 연차를 보인다.

일찍이 세속 너머의 세계에 뜻을 두었던 그는 사물에 통달하고 지혜가 밝아 번뇌의 속세를 벗어나 가고 머무름을 뜻대로 하였다. 또한 물 위를 걷고 공중을 날아다니는 신력神力을 통한 도승으로 신교神教의 선맥仙脈을 계승한 인물이었다.

그는 선덕여왕 9년(640)에 만선도량萬善道場에서 62세로 입적하였다. 그가 입적하던 달, 당나라에서 돌아오던 한 사신使臣이 그를 만나 푸른 바다위에 자리를 펴고 함께 이야기를 나누다가 그는 서쪽을 향해 기쁜 모습으로 떠났다고 한다.

저서로는 『삼성기』와 참서讖書 『동도성립기東都成立記』가 있으나, 참서는 지금 전하지 않는다.

2) 원동중(생몰연대 미상)

원동중에 대한 자세한 행적은 전하지 않는다. 다만 『세조실록』에, 세조가 팔도 관찰사에게 수거하도록 유시한 도서 목록에 안함로와 더불어 『삼성기』의 저자로 기록되어 있다. 이유립은 원동중을 고려 때 인물로 비정比定하였다.

안함로와 원동중, 이 두 사람이 살았던 시대는 수백 년의 시차가 있다. 그런데도 마치 '우리 두 사람이 고대사 뿌리문화의 진수만 뽑아서 환국, 배달, 조선 삼성조시대의 역사 맥을 바로 잡자'라고 전생에 약속을 하고 온 것처럼, 『삼성기 상』과 『삼성기 하』는 고대사의 핵심을 잘 정리해 놓았다. 이 두 권의 사서는 서로가 음양 짝처럼 보완 관계에 있다.

세조 3년(1457) 수거령

諭八道觀察使曰 "古朝鮮秘詞, 大辯說, 朝代記, 周南逸士記, 誌公記, 表訓三聖密記, 安含老・元董仲三聖記, 道證記, 智異聖母河沙良訓, 文泰山・王居仁・薛業 等三人記錄, 修撰企所 一百餘卷, 動天錄, 磨虱錄, 通天錄, 壺中錄, 地華錄, 道詵 漢都讖記 等文書는 不宜藏於私處니 如有藏者는 許令進上하고 以自願書册으로 回賜니 其廣諭公私及寺社하라。"

팔도관찰사八道觀察使에게 유시諭示하기를, "『고조선비사古朝鮮秘詞』, 『대변설大辯說』, 『조대기朝代記』, 『주남일사기周南逸士記』, 『지공기誌公記』, 『표훈삼성밀기表訓三聖密記』, 『안함로・원동중삼성기安含老・元董仲三聖記』, 『도증기道證記』, 『지리성모하사량훈智異聖母河沙良訓』, 문태산文泰山・왕거인王居人・설업薛業 등 3인이 기록한 『수찬기소修撰企所』 1백여 권과 『동천록動天錄』, 『마슬록磨虱錄』, 『통천록通天錄』, 『호중록壺中錄』, 『지화록地華錄』, 『도선한도참기道詵漢都讖記』 등의 문서文書는 마땅히 사처私處에 간직해서는 안 되니, 만약 가지고 있는 자가 있으면 진상하게 하라. 대신 원하는 책을 내려줄 것이니라. 이를 관청과 민간, 절간과 단체에 널리 효유하라" 하였다. 『朝鮮王朝實錄』 世祖 3年(1457 丁丑) 5月 26日(戊子)

24

예종 1년(1469) 수거령

傳于禮曹曰 "周南逸士記, 志公記, 表訓天詞三聖密記, 道證記, 智異聖母河沙良訓, 文泰·玉居仁·薛業 三人記 一百餘卷, 壺中錄, 地華錄, 明鏡數, 及凡干天文, 地理, 陰陽 諸書 家藏者는 京中은 限十月晦日하야 呈承政院하고 外方의 近道는 十一月晦日로 遠道는 十二月晦日로 納所居邑하라。**朝鮮王朝實錄** 納者는 超二階하고 自願受賞者 及公私賤口는 賞綿布五十匹이오 隱匿不納者는 許人陳告하니 告者는 依上項論賞하고 匿者는 處斬이니 其速諭中外하라。"

예조禮曹에 전교하기를, "『주남일사기周南逸士記』, 『지공기志公記』, 『표훈천사삼성밀기表訓天詞三聖密記』, 『도증기道證記』, 『지리성모하사량훈智異聖母河沙良訓』, 문태文泰·옥거인玉居仁·설업薛業 세 사람이 쓴 책 1백여 권과 『곤중록壺中錄』, 『지화록地華錄』, 『명경수明鏡數』 및 모든 천문天文·지리地理·음양陰陽에 관계되는 서적들을 집에 간수하고 있는 자는, 도성 내에서는 10월 그믐날까지 한정하여 승정원承政院에 바치고, 외방外方에서 가까운 도道는 11월 그믐날까지, 먼 도道는 12월 그믐날까지 거주하는 고을에 바치라. 바친 자는 2품계를 높여 주되, 상 받기를 원하는 자 및 공사公私의 천민에게는 면포綿布 50필匹을 상주며, 숨기고 바치지 않는 자는 다른 사람이 고발하는 것을 허락하니 고발한 자에게는 위의 항목에 따라 논상論賞하고, 숨긴 자는 참형斬刑에 처한다. 그것을 중외中外에 속히 유시하라."하였다. 『朝鮮王朝實錄』 睿宗 1年 (1469 己丑) 9月 18日(戊戌)

25

3. 『삼성기』의 구성과 주요 내용

한 나라의 역사 기틀을 바르게 볼 수 있는 가장 중요한 핵심이 국통國統[3]의 문제이다. 안함로의 『삼성기 상』은 내용이 아주 간략하고 단순하면서도 대한민국의 국통 맥을 아주 이해하기 쉽게 정리하였다.

『삼성기 상』에서 놓치지 말아야 할 한 가지 중요한 동방 문화사의 진실은 '**입도신시立都神市, 국칭배달國稱倍達**'이라는 기술이다. **동방 한민족사에서 최초의 나라 이름이 배달倍達[4]이며** 그 **수도가 신시神市**였음을 이 책에서 처음으로 밝혀주고 있다.

배달의 역사를 다루는 또 다른 사서인 『태백일사』「신시본기」는 배달의 축산업, 혼인제도, 제사문화, 영토 개척과 같은 문제는 자세히 기술하고 있지만, 나라 이름은 밝히지 않았다. 다만 '삼랑은 본래 배달의 신하〔三郎本倍達臣〕'라는 구절이 「신시본기」 전체에 걸쳐 두 번 나올 뿐, 국명에 대한 정식 언급은 없다.

원동중의 『삼성기 하』는 **환국과 배달의 역사를 좀 더 구체적으로 밝히고 있다.** 즉, 환국은 12개의 분국체제로 나뉘어져 초대 안파견 환인으로부터 7세에 걸쳐 3,301년 동안 존속하였다고 말하면서 12개 연방국의 이름까지 상세히 기술하였다. 그리고 말미에서 『신시역대기』라 하여, 배달의 역년이 1,565년이었음과 배달의 18세 환웅의 이름, 재위 연도를 하나하나 소개하고 있다.

그러면 여기서 한민족의 뿌리 역사를 드러내주는 『삼성기 상』과 『삼성기 하』의 주요 내용을 구체적으로 살펴보자.

『삼성기 상』의 첫 문장은 '오환건국吾桓建國이 최고最古라(우리 환족의 나라 세움이 가장 오래되었다)' 하여, 한민족이 환국을 세웠으며 그 환국이 인류 역사에서 가장 오래된 나라임을 천명하고 있다. '환국'의 역사가 실존했음은 『삼성기 하』에서도 '석유환국昔有桓國[5](옛적에 환국이 있었다)'이라고 하여 그 사실을 밝히고 있다.

요컨대 '오환건국吾桓建國'과 '석유환국昔有桓國', 각각의 네 글자는 인류의 시원문화가 환국에서 태동하였음을 명백히 말해주는 것이다.

그런데 『삼성기 하』에서는 '인류지조왈나반人類之祖曰那般'이라는 문장으로 시작하여 인류의 시조, 즉 인류 최초의 아버지인 '나반那般'과 어머니 '아만阿曼'의 역사를 기술하고 있다. 현 인류가 어떻게 탄생했는지, 그 창세사를 언급하고 있는 것이다. 그런 다음에 그 나반과 아만을 어버이로 하여 시작된 인류의 시원 국가, 환국의 역사를 밝히고 있는데 『삼성기 상』의 기록보다 훨씬 더 구체적이다.

『삼성기 상』은 환국에서부터 역사 인식이 시작되는데 비해, 『삼성기 하』는 더 거슬러 올라가 인류의 창세사로부터 역사 인식이 시작되고 있는 것이다.

『삼성기 하』의 내용을 좀 더 소개하자면, 환국 말기에 이르러 환웅천왕이 환국의 대통을 이어 받아 배달국을 열었으며, 그 무렵에 중국인의 첫 조상이며 중국 민족의 창세 신화의 주인공인 반고盤固가 환족에서 갈려나간 실존 인물이라는 것이다. 여기서 중국 역사

5) 『삼국유사』「고조선기」도 지금은 전해지지 않는 『고기古記』라는 사서를 언급하며 '석유환국昔有桓国'을 말한다. 『삼국유사』의 해당 원문을 본서의 부록에 소개한다.

의 태동 과정과 한·중 양국 사이의 정치, 문화, 혈통 관계까지 파악할 수 있다.

『삼성기 하』에서 전하는 동방 한민족과 서방 한족의 문명 개창 과정에서 양자 간에 벌어진 가장 극적인 사건이 있다. 그 사건은 바로 한·중 역사의 가장 뜨거운 논쟁거리 중의 하나이기도 한, 배달의 치우천왕과 중국의 황제헌원 사이의 '**지존至尊 대전쟁**'이다. 『삼성기 하』에 따르면, 중국인들이 그들 한족漢族의 시조로 떠받들고 있는 4,700년 전 인물 황제헌원은 원래 대요大撓, 창힐蒼頡 등과 더불어 배달국에 예속된 제후였다.

이맥의 『태백일사』를 보면 '헌원은 동방의 대선인인 자부선생을 찾아뵙고 삼황내문경을 받아갔으며 창힐, 공공, 대요 등의 무리들도 함께 와서 배워갔다'는 기록이 나온다. 헌원이 치우천왕의 국사國師였던 자부선생으로부터 배달의 문화와 철학을 배워 가 그들 중국 한족의 문화 체계를 세운 것이다.

동방 한민족의 서방 개척 역사의 결정적인 분기점이 된, 배달의 천자 치우천왕과 서방 한족의 역사 시조인 황제헌원의 전쟁에 대해 『삼성기 상』은 '치우천왕이 청구를 널리 개척했다'고만 약술하고 있지만, 『삼성기 하』는 전쟁이 일어난 동기, 치우천왕이 쓴 무기와 전술, 당시 배달의 주변 제후국 상황 같은 것까지 실감나게 이야기하고 있다. 그 전쟁은 탁록涿鹿 벌판에서 10여 년 동안 무려 73회에 걸쳐 벌어진 대전쟁이었다.

『삼성기 하』는 당시 서방 개척의 길을 열어 배달국의 대부흥을 이

룩한 치우천왕을 한민족사뿐만 아니라 **5천년 동북아 역사에서 가장 비
중있는 인물**로 다루고 있는 것이다.

지금까지 이야기한 『삼성기 상』과 『삼성기 하』의 공통점과 차이점
을 다시 한 번 정리하면 뒤에 덧붙인 도표와 같다.

4. 『삼성기』에 대한
간략한 소개를 마무리하며

『삼국사기』나 『삼국유사』만이 우리의 역사책일 수는 없다. 기존의
국사 교과서, 역사 관련 서적 등에서 배워왔던 내용과 너무 엄청난
차이가 있다 해서 『삼성기』를 비롯한 도가사서들이 전하는 한민족
의 역사를 무조건 외면하거나 불신하려는 태도는 자신이 한민족의
후예임을 애써 지우려는 잘못된 역사관의 해독害毒이다.

그동안 동방 한민족의 시원 역사는 사대주의에 의한 반도半島사관
과 한민족의 주체성을 상실한 식민사관으로 인해 본래의 참 모습을
드러낼 수가 없었다. 그 책임이 어디에 있든지, 이제 본서의 출간을
통해 인류와 한민족의 참된 시원사를 제대로 볼 수 있는 기회가 열
렸으니만큼 이를 애써 부정하지 않기를 바란다.

아무쪼록 본서를 통해 『삼성기 상』과 『삼성기 하』를 하나로 통합

하여 읽음으로써 성숙한 경계에서 **인류와 한민족의 시원 역사의 진면목을 제대로 볼 수 있는 신교사관**神敎史觀**의 안목**을 크게 틔우기를 바란다.

다음에 나올 『환단고기』제2권부터는 행촌 이암의 『단군세기』, 범장의 『북부여사』, 그리고 다른 역사서들보다 더욱 소상히 신교의 삼신문화의 진면목을 보여주는 이맥의 『태백일사』 등을 통해 환국, 배달, 조선의 한민족 시원역사 시대에 살아 있었던 **신교문화**를 좀 더 구체적으로 살펴보고자 한다. 또한 **인류의 원형문화**요 **뿌리문화**인 '삼신 상제님의 신교'가 후천 가을개벽을 앞둔 오늘의 온 인류에게, 그리고 동북아와 인류문명의 미래에 어떻게 창조의 신성한 손길로 작용하는지를 알아보고자 한다.

성성하고 바른 역사의식을 지니는 것이야말로 참다운 대도大道 진리를 향해 가는 지름길이란 것을 항상 마음에 새겨두기를 바라며 『삼성기』에 대한 간략한 소개를 마친다.

『환단고기』 전수와 관련된 평안북도 지명 만주 관전현은 만주의 독립운동가들과 삭주의 열사들이 수시로 모여 기숙하고 강론과 훈련을 하던 곳이다. 해학 이기, 운초 계연수, 한암당 이유립도 이곳에서 독립운동에 참여 하였다.

	삼성기전 상편	삼성기전 하편
저자 및 저술 연대	**신라 진평왕때 도승 안함로** ※저자가 신라 승려인 까닭에 '권화權化'라는 불교용어와 '신라의 옛 땅'이라는 문구가 눈에 띤다.	**원동중** ※『세조실록』에 안함로와 더불어 『삼성기』의 저자로 기록되어 전한다. 이유립은 원동중을 고려시대 인물로 비정하였다.
공통점	① 고조선 역사 이전의 실존 역사인 **환국, 신시배달**에 대해 전한다. ② 동방의 태고시대의 통치자 **환인과 환웅은 신화가 아닌 상고역사의 실존 인물**이며, 각각 **7세(3,301년)와 18세(1,565년)**를 이어 다스렸다. ③ 한민족 **신교문화의 상수철학과 삼신·칠성문화(3·7일 수행문화)의 원형**을 상세히 밝혀준다. ※ 인류 창세사와 환국, 배달에 대해서는 이맥이 저술한 『태백일사』「삼신오제본기」, 「환국본기」, 「신시본기」, 「소도경전본훈」에 더 상세한 내용이 보충되어 있다.	
차이점	① "吾桓建國이 最古라"하여 환국으로 시작되는 인류 시원문명시대에 대한 선언을 한 후, **삼신의 광명조화로 인류의 창세사가 시작**되었다고 서술하고 있다. ② 국통사를 중심으로 서술 -인류 시원국가 환국으로부터 동방 한민족사의 첫 출발인 신시배달, 단군조선, 해모수의 북부여, **한무제의 침략을 물리친 동명왕 고두막한의 북부여 계승**, 고주몽의 고구려 건국에 이르기까지 **국통 단절 수수께끼의 실마리를 푸는 동방 개창사의 진면목**	① 인류창세의 시원사로부터 서술 -천해(바이칼호)의 아이사비에서 **인류의 조상 나반과 아만**이 꿈에 천신(삼신 상제님)의 가르침을 받아 혼례를 올려 **동서 인류의 뿌리**가 되었고, 그로부터 창세 시원사의 주인공인 광명족[桓族]의 역사가 시작되었다고 서술하고 있다. (환국의 역년 3,301년을 63,182년으로도 기록함) ② 한·중 역사의 태동과 발전, 양국의 정치, 문화, 혈통적 관계에 역점을 두고 서술하였다. -세계문명의 뿌리, 인류 시원국가가 파내

	삼성기전 상편	삼성기전 하편
차이점	을 기록하고 있다. ※ 단군조선에 대해서는 행촌 이암의 『단군세기』와 이맥의 『태백일사』「삼한관경본기」, 북부여사에 대해서는 범장의 『북부여기』, 고구려사는 『태백일사』「고구려국본기」에 상세한 내용이 담겨있다. ③ 환국과 배달의 건국과정 –천지의 조화신[三神]이 사백력(시베리아)으로부터 동녀동남 800명을 흑수와 백산의 터에 내려보내시니 환인이 만백성의 우두머리가 되어 7세를 이어 다스렸다 –환웅천왕이 천신(삼신상제)의 명을 받들어 천평(백두산 아래)에 도읍을 정하였다. ※ 동아문명의 개조 태호복희씨, 염제신농씨의 치적과 배달국의 분화과정, 중국사의 시조 황제헌원의 혈통에 대해서는 『태백일사』「신시본기」에 더 상세한 기록이 수록되어 전한다.	류산(지금의 천산) 동방의 환국임을 밝히고, 동아문명과 한민족사의 실제 출발점인 신시배달을 집중적으로 상세하게 서술하였다. – 동방 한민족의 조상 환웅천왕이 환국의 대통을 이어받은 사실과 더불어 서방족 창세 신화의 인물인 반고씨가 환족의 지손支孫이며 역사의 실존인물임을 밝히고 있다. – 동방 배달의 천자 자오지[蚩尤]환웅천왕과 서방 한족의 역사 시조 황제헌원이 탁록 벌판에서 벌인 대전쟁을 실감나게 기술하였다.(안함로 『삼성기』에서는 '치우천왕이 청구를 널리 개척했다'고 약술) ③ 환국과 배달의 건국과정 – 환국의 통치자 환인이 천산에 거하며 도를 깨치고 구환족의 열두 나라를 다스렸다 – 환국 말기에 서자부 환웅이 마지막(7대) 환인으로부터 신교의 신권 조화 상징인 천부天符와 인印을 전수받아 무리(제세핵랑) 3천을 거느리고 동방 태백산의 신단수에 이르러 신시에 도읍을 정하였다.

삼성기전 하편

운초雲樵 계연수桂延壽(1864~1920)

　해학 이기(1848~1909)의 문인으로 만주에서 독립운동을 하다가 1920년에 순국했다. 그는 『환단고기』에 대하여 "대한독립단 부총재였던 청산리대첩의 영웅 홍범도洪範圖와 정의부政議府 총사령관이었던 오동진吳東振(1865~1930) 두 벗이 자금을 대어 출간하였으며, 우리 한사람 각자의 자아발견과 민족문화의 표출이념과 세계 인류의 공존이념을 위한 큰 축복의 성사"라 했다. 또한 그는 묘향산에서 「천부경」을 탑본搨本하여 1917(丁巳)년 1월 10일 서울의 단군교당으로 보냈는데, 그 때 "『환단고기』는 다음 경신庚申(1980)년이 되거든 세상에 내놓으라" 는 말을 남겼다고 한다.

운초雲樵 계연수桂延壽
(1864~1920)

운초는 해학 이기의 문인으로
독립운동가이자 민족사학자. 이
유립의 증언에 따라 그 제자인
양종현이 그렸다.

桓–밝을 환
檀–박달나무 단

杏–살구나무 행
叟–늙은이 수
藻–글 조
素–본디 소
藏–간직할 장
奚–어찌 해
啻–뿐 시(다만 ~뿐 아니
　　라)
譬–비유할 비
朋–돈 붕(돈으로 사용되는
　　한쌍의 조개를 뜻함)
賜–줄 사
丈–길이의 단위 장(1丈
　　=10尺)
彩–빛 채
文藻 : 글을 짓는 재주(=
文才)
百朋 : 많은 돈, 또는 재화
萬丈光彩 : 찬란한 빛이
만 길을 꿰뚫어 밝힘

凡例

一. 古記引用이 始自一然氏之遺事나
　　（고기인용이 시자일연씨지유사）

　　而今其古記를 不可得見일새 乃以三聖紀, 檀君世紀,
　　（이금기고기를 불가득견일새 내이삼성기 단군세기）

　　北夫餘紀, 太白逸史로 合爲一書하야
　　（북부여기 태백일사로 합위일서）

　　名曰 桓檀古記라하다.
　　（명왈 환단고기라하다）

一. 三聖紀는 有二種이나 而似非完編이라.
　　（삼성기는 유이종이나 이사비완편）

　　安含老氏所撰은 余家舊傳이니
　　（안함로씨소찬은 여가구전）

　　今爲三聖紀全上篇하고
　　（금위삼성기전상편）

　　元董仲氏所撰은 得於泰川白進士寬默氏하니
　　（원동중씨소찬은 득어태천백진사관묵씨）

　　今爲三聖紀全下篇하야 總謂之三聖紀全이라 하다.
　　（금위삼성기전하편하야 총위지삼성기전）

一. 檀君世紀는 紅杏村叟所編이니
　　（단군세기는 홍행촌수소편）

　　乃杏村先生文貞公所傳也라
　　（내행촌선생문정공소전야）

　　此書도 亦得於白進士하니 進士는 文藻古家也라
　　（차서도 역득어백진사하니 진사는 문조고가야）

　　素多藏書오 而今兩種史書가 俱出其家하니
　　（소다장서오 이금양종사서가 구출기가）

　　奚啻譬諸百朋之賜리오 可謂祖國之萬丈光彩也로다.
　　（해시비저백붕지사리오 가위조국지만장광채야）

범례*

　『고기古記』의 인용이 일연의 『삼국유사』로부터 시작하였으나, 지금은 그 『고기』를 볼 수 없으므로 이제 『삼성기』, 『단군세기』, 『북부여기』, 『태백일사』를 합본하여 한 권의 책으로 만들어 그 이름을 『환단고기』라 한다.

　『삼성기』는 두 종류가 있으나 완편完編은 아닌 것 같다. 안함로가 찬술한 것은 우리 집에 오래 전부터 전해 내려온 것이다. 이제 이를 「삼성기전」 상편으로 하고, 원동중이 찬술한 것은 평안도 태천泰川의 진사 백관묵白寬默으로부터 얻은 것인데 이를 「삼성기전」 하편으로 하고, 이 두 편을 합본하여 『삼성기전』이라 한다.

　『단군세기』는 홍행촌노인[紅杏村叟]이 엮은 것으로, 내내 행촌선생 문정공文貞公*이 전한 것이다. 이 책 또한 백진사에게서 얻은 것으로, 진사의 가문은 예로부터 문재로 이름이 높은 집안이라 소장하고 있는 책이 많았다. 이에 두 종류 사서史書가 모두 이 집에서 나왔으니, 어찌 만금을 사례하는 것을 이에 비할 수 있으리오. 가히 조국의 앞날을 밝혀주는 대광영이라 하리라.

　* 한국사에서 범례凡例의 양식으로 역사 서술의 방법이 보편화된 것은 대의명분과 정통론을 강조하는 역사 기술 방법인 강목체綱目體 서술이 등장한 17, 18세기이다. 이전에는 『삼국사기』나 조선 초의 『고려사』의 '삼국사를 올리는 글進三國史表', '고려사를 올리는 글進高麗史箋'과 같이 범례 대신 표表와 전箋이 중심이었다. (『한국의 역사인식』 下권, 「17, 18세기의 史書와 고대사 인식」, 332~340쪽)

　* 행촌 선생 문정공 : 행촌은 이암의 호, 문정文貞은 시호. 17세 때(1313년) 문과에 급제하여 좌의정에 이르렀다. 고려 말 공민왕 때(1363년), 난세를 피해 벼슬을 버리고 강화도의 행촌杏村에 들어가 『단군세기』를 저술했다. 『단군세기』는 『태백진훈太白眞訓』, 『농상집요農桑集要』와 더불어 행촌삼서杏村三書라 한다.

행촌杏村 이암李嵒
(1297~1364)

崖-벼랑 애
范-성 범
樟-녹나무 장
栻-점치는 기구 식
頗-자못 파

一. 北夫餘紀上下는 休崖居士 范樟所撰也라
북 부 여 기 상 하　휴 애 거 사　범 장 소 찬 야

舊有以檀君世紀로
구 유 이 단 군 세 기

合編者를 得於朔州梨洞李進士亨栻家하니
합 편 자　득 어 삭 주 이 동 이 진 사 형 식 가

檀君世紀는 與白進士所藏으로 無一字異同하고
단 군 세 기　여 백 진 사 소 장　무 일 자 이 동

今又有別本而行於世者나 此本內容은 自與前書로
금 우 유 별 본 이 행 어 세 자　차 본 내 용　자 여 전 서

頗有所殊故로更不及之也라.
파 유 소 수 고　갱 불 급 지 야

陌-두렁길 맥
沂-물이름 기
悉-다(모두) 실
據-의지할 거
瞭-밝을 료
符-맞을 부
誥-깨우쳐줄 고
郎-벼슬이름 랑
歟-어조사 여
蹈-춤출 도
哄-크게 웃을 홍

一. 太白逸史는 一十堂主人李陌氏所編이니
태 백 일 사　일 십 당 주 인 이 맥 씨 소 편

乃海鶴李沂先生所藏也라.
내 해 학 이 기 선 생 소 장 야

盖桓檀以來 相傳之敎學經文이 悉備하고
개 환 단 이 래　상 전 지 교 학 경 문　실 비

取材典據가 可一見瞭然者也라.
취 재 전 거　가 일 견 요 연 자 야

且其天符經·三一神誥의 兩書全文이 俱在篇中하니
차 기 천 부 경　삼 일 신 고　양 서 전 문　구 재 편 중

實爲郎家之大學中庸也라.
실 위 낭 가 지 대 학 중 용 야

嗚呼라 桓檀相傳之三一心法이 眞在是書하니
오 호　환 단 상 전 지 삼 일 심 법　진 재 시 서

果大白眞敎重興之基歟아 手自舞足自蹈하며
과 태 백 진 교 중 흥 지 기 여　수 자 무 족 자 도

興欲哄喜欲狂也로다.
흥 욕 홍 희 욕 광 야

『북부여기』상·하는 휴애거사休崖居士* 범장范樟이 지은 것이다. 예전에 『단군세기』와 합편해 놓은 것을 삭주朔州 이동梨洞의 진사 이형식李亨栻의 집에서 얻었는데, 『단군세기』는 백진사가 소장한 것과 한 자도 다름이 없다. 근래에 와서 별본이 세상에 나돌고 있는데, 이 별본의 내용은 앞의 『북부여기』와 자못 다른 바가 많기 때문에 다시 언급하지 않는다.

『태백일사』는 일십당 주인 이맥이 엮은 것으로 해학 이기선생이 소장해 온 것이다. 대개 환단 이래로 서로 전해 온 교학 경문이 모두 여기에 갖추어져 있으니, 인용한 전거典據가 상세하여 한 번만 보아도 일목요연하다.

또 『천부경』과 『삼일신고』 두 글의 전문이 모두 여기에 실려 있으니, 이는 실로 신교의 낭가郎家에 있어서는 『대학』·『중용』과 같은 것이다.

오호라! 환단 이후로 계속 전수되어 온 진정한 가르침인 삼일심법三一心法이 진실로 이 책 속에 들어 있으니, 위대한 광명의 참 진리[太白眞敎 : 神敎]의 중흥의 기틀이 아니고 무엇이랴! 손발이 절로 춤추며, 흥겨워 외치고 싶고 기뻐서 미칠 듯 하도다!

해학海鶴 이기李沂
(1848~1909)
구한말의 독립운동가이며 민족사학자

한암당寒闇堂 이유립李裕岦
(1907~1986)
이암의 후손. 1919년 이기가 창도한 단학회의 배달의숙에 입학, 독립군 천마산대 소년단원으로 활동. 1963년 단학회檀學會를 단단학회檀檀學會로 바꾸고, 3대 회장이 되어 기관지 『커발한』 발행. 1976년 국사찾기협의회를 조직. 대표적 저서로 『대배달민족사』 5권이 있다.

繕–엮을 선
劂–새김칼 기
劂–새김칼 궐
繕寫 : 엮어 베낌, 또는 정
서淨書함
敎學經文 : 가르치고 배우
던 근본 되는 문장
取材典據 : 문헌의 내용을
취한 전거. 내력, 또는 출
전
郎家 : 삼성조 이래 우리
민족의 교유한 종교인 신
교와 철학을 계승해 온 집
단. 고구려의 조의선인이
나 신라의 화랑도 등

여천女千 홍범도洪範圖
(1868~1943)
1920년의 봉오동 전투와 청
산리 전투 등 항일 독립운동
을 주도했던 독립군 사령관.

一. 桓檀古記는 悉經海鶴李先生之監修오

而且余精勤繕寫하고

又因洪範圖 吳東振兩友之出金하야 付諸劂劂하니

一爲自我人間之發見主性而大賀也며

一爲民族文化之表出理念而大賀也며

一爲世界人類之對合共存而大賀也로다.

神市開天 五千八百八年 卽光武十五年

歲次辛亥 五月廣開節에 太白遺徒宣川桂延壽仁卿은

書于妙香山之檀窟庵하노라.

『환단고기』는 모두 해학 이기선생의 감수를 거쳤으며, 또 내가 정성을 들여 부지런히 편집하고 옮겨 적었다. 그리고 홍범도·오동진 두 벗이 자금을 대어 인쇄에 부치게 되었다. 이로써 우리 자신의 주체성을 발견하게 되었으니 크게 축하할 만한 일이요, 또한 민족문화의 이념을 표출하게 되었으니 크게 경하할 만한 일이며, 또 한편으로 세계 인류가 대립을 떠나 공존할 수 있는 기틀을 마련하게 되었으니 더욱 경하할 만한 일이로다.

신시개천神市開天 5808년, 즉 광무光武* 15년 신해(1911) 5월 광개절*에 태백 진리[神敎]의 정신을 계승한 선천宣川의 계연수 인경仁卿*이 묘향산 단굴암에서 쓰노라.

✽ 광무光武 : 대한제국의 연호. 1897년(고종 34)에 제정됨.

✽ 광개절 : 해마다 음력 5월 5일에 거행하던 한민족 전래의 축전祝典. 동아 대륙을 통일하여, 단군조선시대의 강토 대부분을 회복하여 영토를 최대로 넓게 확장[廣開]시킨 광개토열제의 영광과 위업을 기리기 위해 제정한 기념일이다.

✽ 인경仁卿 : 운초 계연수 (1864~1920)의 자字.

송암松菴 오동진吳東振
(1865~1930)

독립운동가. 정의부正義府 총사령관. 일생을 항일 무장 항쟁에 일관하다 투옥되어 1930년 옥중에서 사망.

삼성기전 상편
三聖紀全 上篇

안함로安含老 찬撰

안함로(579~640)

속성은 김金씨이고, 다른 이름은 안함安含, 또는 안홍安弘이며, 이찬伊湌이었던 시부時賦의 손자이다. 신라 진평왕 때의 도승道僧으로 안홍법사, 안함태安含殆 화상이라고도 부르며, 신라 십성十聖 중한 사람이다. 일찍이 세속 너머의 세계에 뜻을 두었던 그는 사물에 통달하고 지혜가 밝아 번뇌의속세를 벗어나 가고 머무름을 뜻대로 하였다. 또한 물 위를 걷고 공중을 날아다니는 신력神力을 통한 도승으로 시원 신교神敎의 선맥仙脈을 계승한 인물이었다.

1. 조화신의 만물 화생과 환국의 개창

契-합할 계
見-나타날 현
久視 : 長生, 不老의 뜻
至氣 : 지극한 우주의 현
기玄氣(이기理氣)

오 환 건 국　최 고
吾桓建國이 最古라.

유 일 신　재 사 백 력 지 천　위 독 화 지 신
有一神이 在斯白力之天하사 爲獨化之神하시니

광 명　조 우 주　권 화 생 만 물
光明이 照宇宙하시며 權化生萬物하시며

장 생 구 시　항 득 쾌 락
長生久視하사 恒得快樂하시며

승 유 지 기　묘 계 자 연
乘遊至氣하사 妙契自然하시며

무 형 이 현　무 위 이 작　무 언 이 행
無形而見하시며 無爲而作하시며 無言而行하시니라.

인류 태고 문화의 시조 아버지(안파견) 환인

羣-무리 군(群의 본자)
掊-칠 부
熟-익힐 숙
巴-땅이름 파
監群 : 무리를 다스리는
우두머리
安巴堅 :「三神五帝本紀」
에 "繼天立父之名"이라 했
으니 '아버지' 라는 뜻임을
알 수 있고, 아메리카 인
디언의 '아파치' 도 여기에
서 변형된 말이다.

일 강 동 녀 동 남 팔 백 어 혹 수 백 산 지 지
日降童女童男八百於黑水白山之地하시니

어 시　환 인　역 이 감 군　거 우 천 계
於是에 桓因이 亦以監羣으로 居于天界하사

부 석 발 화　시 교 숙 식　위 지 환 국
掊石發火하사 始敎熟食하시니 謂之桓國이오

시 위 천 제 환 인 씨　역 칭 안 파 견 야
是謂天帝桓因氏니 亦稱安巴堅也라

전 칠 세　연 대　불 가 고 야
傳七世나 年代는 不可考也니라.

2. 환웅 천왕의 배달국 시대

詔-조칙 조(천자의 명령)
鑿-팔 착
坪-평평할 평

후　환 웅 씨 계 흥　봉 천 신 지 조
後에 桓雄氏繼興하사 奉天神之詔하시고

강 우 백 산 흑 수 지 간　착 자 정 여 정 어 천 평
降于白山黑水之間하사 鑿子井女井於天坪하시고

획 정 지 어 청 구
劃井地於青邱하시며

1. 조화신의 만물 화생과 환국의 개창

우리 환족의 나라 세움이 가장 오래 되었다.

천지의 조화신[一神]*이 시베리아의 하늘[斯白力之天]*에 머물며 홀로 변화하는[化生] 주신主神이 되셨다. 그 광명은 우주를 비추고, 대권능의 조화[權化][1]로써 만물을 낳으시며, 오래도록 사시며 항상 즐거움을 누리셨다. 지극한 조화기운을 타고 노시며, 진실로 오묘하게 스스로 그러함을 따르고 형상 없이 나타나셨으며, 무위로 만물을 짓고 무언으로 행하셨다.

인류 태고 문명의 시조 아버지(안파견) 환인

어느 날 동녀동남 800명[2]을 흑수*와 백산* 사이에 내려 보내시니, 이때 환인께서 만백성의 우두머리[監群]가 되어 천계(天界 : 천산 동방의 환국)에 거주하며 돌을 부딪쳐서 불을 만들어 처음으로 음식을 익혀 먹는 법을 가르치셨다. 이 나라를 환국(桓國 : 밝은 나라)이라 이르고, 이 환국을 다스리신 분을 '천제 환인씨', 또는 '안파견'이라 불렀다. 환국은 7세를 전했으나, 그 연대는 자세히 살필 수 없다.

2. 환웅천왕의 배달국시대

그 후 환웅씨가 환족을 계승하여 천신의 명을 받들어 백산과 흑수 사이의 지역으로 내려오셨다. 그리하여 천평天坪*이라는 곳에 자정子井과 여정女井[3]을 파고 청구靑邱[4]에 정지井地를 구획하셨다.

※ 일신一神 : 우주 자체의 '순수한 조화 정신'인 우주의 성신聖神을 말한다.

※ 사백력斯白力 : '시베리아'의 음역.

※ 흑수黑水 : 만주 흑룡강성 북변의 흑룡강. 흑수말갈黑水靺鞨족의 발흥지이기도 하다.

※ 백산白山 : 백두산의 별칭. 우리 민족의 성산聖山인 백두산은 백산, 태백산 이외에도 삼신산三神山·개마산蓋馬山·불함산不咸山 등의 이름으로 불려 왔으며, 중국인들은 창빠이산長白山이라 불렀다. 또 인류 구원의 완성이요 모든 진리의 도맥道脈의 완성을 뜻하는 시루산甑山으로도 불렸다.

※ 천평天坪 : 초대 환웅천왕께서 천명을 받고 나라를 연 하늘 평야, 즉 '역사의 개척지'라는 뜻이다. 대동여지도大東輿地圖를 비롯한 조선시대 여러 고지도에는 천평이 백두산 동남쪽에 표시되어 있고, 영·정조 실록에는 백두산 북쪽에 있다고 기록되어 있다. 환웅천왕이 천명을 받고 나라를 여신 백두산 주위의 땅으로 보면 무리가 없다.

弘益人間 : '인간을 널리
이롭게 하다. 보람되게 하
다'의 뜻으로 초대 환웅천
왕의 건국이념이며 국시國
是이다.

擇—가릴 택
輔—도울 보
嫁—시집갈 가
幣—폐백 폐
畜—가축 축
貢—바칠 공
賦—구실 부(구실은 조세나
　세금)
貢賦 : 토산물을 나라에
바침
季—끝 계
恢—넓힐 회
拓—개척할 척
恢拓 : 땅을 널리 개척 확
장함

지 천 부 인　　　주 오 사　　　재 세 이 화　　　　홍 익 인 간
持天符印하시고 主五事하사 在世理化하시고 弘益人間하시며

입 도 신 시　　　국 칭 배 달
立都神市하시고 國稱倍達하시니라.

택 삼 칠 일　　　제 천 신　　　기 신 외 물
擇三七日하야 祭天神하시며 忌愼外物하야

폐 문 자 수　　　주 원 유 공
閉門自修하시며 呪願有功하시며

복 약 성 선　　　획 괘 지 래
服藥成仙하시며 劃卦知來하시며

집 상 운 신
執象運神하시니라.

명 군 령 제 철　　　위 보　　　납 웅 씨 녀　　　위 후
命羣靈諸哲하사 爲輔하시며 納熊氏女하사 爲后하시며

정 혼 가 지 례　　　이 수 피　　　위 폐　　　경 종 유 축
定婚嫁之禮하사 以獸皮로 爲幣하시며 耕種有畜하시며

치 시 교 역　　　구 역　　　공 부　　　조 수 솔 무
置市交易하시니 九域이 貢賦하며 鳥獸率舞라.

후 인　　봉 지 위 지 상 최 고 지 신　　　세 사 부 절
後人이 奉之爲地上最高之神하야 世祀不絶하니라.

신 시 지 계　　　유 치 우 천 왕　　　회 척 청 구
神市之季에 有治尤天王하사 恢拓靑邱하시고

전 십 팔 세　　　역 일 천 오 백 육 십 오 년
傳十八世하니 歷一千五百六十五年하니라.

墟—터 허
巍—높을 외
蕩—넓을 탕
承詔繼天 : 환인·환웅의
법을 이어받고 하늘(하느
님)의 뜻을 받듦
建極 : 인륜도덕의 규범을
세움
巍蕩惟烈 : 공덕이 높고
크게 빛남

3. 단군왕검의 고조선 개창

후　　신 인 왕 검　　강 도 우 불 함 지 산 단 목 지 허
後에 神人王儉이 降到于不咸之山檀木之墟하시니

기 지 신 지 덕　　　겸 성 지 인　　　내 능 승 조 계 천 이 건 극
其至神之德과 兼聖之仁이 乃能承詔繼天而建極하사

외 탕 유 열
巍蕩惟烈이어늘

환웅께서 천부와 인을 지니고 오사五事를 주관하시어 세상을 신교의 진리로 교화하시고[在世理化], 인간을 널리 평안한 삶으로 이끌어 주시고[弘益人間], 신시神市에 도읍을 정하고 나라 이름을 배달倍達[5]이라 하셨다.

삼칠일(21일)을 택하여 천신에게 제사지내고 바깥일[外物]을 금기하여 삼가 문을 닫고 수도하시니, 주문을 읽고 서원을 세워 공덕을 이루시고, 선약을 드시고 신선이 되셨으며, 괘卦를 그어 미래의 일을 아시고, 천지조화의 비밀을 깨쳐 신명을 부리셨다[執象運神]*.

여러 신령한 인물과 명철한 인재들을 모두 모아 신하로 삼고, 웅씨족의 여인[熊氏女][6]을 맞아들여 왕후로 삼으셨으며, 혼인의 예법을 정하여 짐승 가죽으로 폐백을 삼으셨다. 농사를 짓고 가축을 기르게 하시고, 시장을 열어 교역을 하게 하시니 구환족九桓族의 지역에서 공물과 세를 바치고, 뭇 새와 짐승들까지 모여 춤을 추었다. 후세 사람들이 이 분을 지상의 최고신으로 모시고 세세토록 제사지내기를 그치지 않았다.

배달국 신시시대 말기에 치우천왕이 계셨는데, 이 분은 청구靑邱를 널리 개척하셨다.

환웅천왕의 배달시대는 18세를 전하였으며 1,565년을 누렸다.

3. 단군왕검의 고조선 개창

이후에 신인神人 왕검이 불함산*의 박달나무가 우거진 곳에 내려오셨다. 왕검께서 지극히 신성한 덕성과 성인의 자애로움을 겸하시고, 선대 환인·환웅 성조와 하늘의 뜻을 받들어 인류의 푯대를 세우시니, 천하에 그 공덕이 우뚝 솟아 찬란하게 빛났다.

일본 북큐슈 후쿠오까현 소에다정의 환웅상. 환웅천왕이 검은 수염에 박달나무 이파리로 장식한 옷을 입으신 모습이다. 한반도 도래인의 후손인 이곳 사람들은 어깨에 늘어진 등나무 잎을 보고 후지와라 강유藤原桓雄라 불러오고 있다.

✻ 집상운신執象運神 : 우주 운동의 비밀을 깨달아[執象] 신명을 부려 인간의 이상을 실현하는 것을 말한다. 천지의 운동과 변화는 '理(氣)→象→數'의 원리로 전개된다. 상象이란 천지간에 가득 찬 우주의 기氣의 운동 모습을 말하며, 그 운동 원리는 자연수數의 원리와 조직으로 알 수 있다. 생명의 창조 원리는 수리數理로 드러남으로써 신神의 창조 원리와 변화의 구조적 원리를 체계적으로 알게 된다.

✻ 불함산 : '가장 밝은 산'이라는 뜻이다. 백두산과 만주 하얼빈의 완달산完達山 두 곳을 말하는데 여기서는 완달산을 가리킨다.(「신시본기」 참조)

拱–팔짱낄 공
彭–성 팽
闢–열 벽
稼–심을 가
那–어찌 나
管–다스릴 관
籍–호적 적
羲–이름 희
典–맡을 전
筮–점대 서
尤–더욱 우
菲–땅이름 비
岬–산허리 갑
蠶–누에 잠
淳–순박할 순
厖–클(두터울) 방
洽–젖을 흡

端拱無爲 : 팔짱끼고 하염 없이

書契 : 결승結繩을 대신한 것으로 나무에 글자를 새겨 일을 약속하던 방법이라 하나 여기서는 문자의 뜻이다.

版籍 : 토지와 호적

淳厖之治 : 인정이 넘치는 매우 훌륭한 정치

熙洽 : 重熙景洽 또는 重熙累洽의 줄임말. 밝음이 거듭하여 은혜가 두루 미친다는 뜻으로 임금이 대대로 현명하여 태평성대가 계속됨을 이르는 말이다.

熙洽四表 : 임금의 어진 정치에 천하가 태평해짐

徙–옮길 사
仍–인할 잉
拏–처자 노
逑–짝 구

구 환 지 민　　함 열 성 복
九桓之民이 咸悅誠服하야

추 위 천 제 화 신 이 제 지　　　시 위 단 군 왕 검
推爲天帝化身而帝之하시니 是爲檀君王儉이라.

복 신 신 구 규　　　설 도 아 사 달
復神市舊規하사 設都阿斯達하시고

개 국　　호 조 선
開國하야 號朝鮮하시니라.

단 군　　단 공 무 위　　　좌 정 세 계
檀君이 端拱無爲하사 坐定世界하시며

현 묘 득 도　　　접 화 군 생
玄妙得道하시며 接化羣生하실새

명 팽 우　　벽 토 지　　　성 조　　기 궁 실
命彭虞하사 闢土地하시며 成造로 起宮室하시며

고 시　　주 종 가　　　신 지　　조 서 계
高矢로 主種稼하시며 臣智로 造書契하시며

기 성　　설 의 약
奇省으로 設醫藥하시며

나 을　　관 판 적
那乙로 管版籍하시며

희　　전 괘 서　　　우　　작 병 마
羲로 典卦筮하시며 尤로 作兵馬하시고

납 비 서 갑 하 백 녀　　　위 후　　치 잠
納菲西岬河伯女하여 爲后하사 治蠶하시니

순 방 지 치　　　희 흡 사 표
淳厖之治가 熙洽四表러라.

고조선의 후기 대부여 시대

병 진 주 고 시　　개 국 호　　위 대 부 여　　자 백 악
丙辰周考時에 改國號하야 爲大夫餘하고 自白岳으로

우 사 어 장 당 경　　　잉 설 팔 조
又徙於藏唐京하야 仍設八條하며

독 서 습 사　　위 과
讀書習射로 爲課하며

제 천　　위 교　　전 잠 시 무　　산 택 무 금
祭天으로 爲敎하며 田蠶是務하며 山澤無禁하며

죄 불 급 노　　　여 민 공 의　　　협 력 성 치
罪不及拏하며 與民共議하며 協力成治하니

이에 구환九桓의 백성들이 모두 기뻐하고 진실로 복종하여 천제의 화신으로서 임금으로 추대하니, 이 분이 바로 단군왕검[7]이시다. 성조께서는 신시 배달의 옛 법도를 되살리고, 아사달*에 도읍을 정하여 나라를 여시고 그 이름을 조선朝鮮[8]이라 하셨다.

단군성조께서는 공수拱手한 채 단정히 앉아 무위無爲로써 세상의 질서를 바로잡아 다스렸다. 현묘한 도*를 깨우치셨으며, 백성들을 가르치실 때 팽우彭虞에게 명하여 토지를 개척하게 하시고, 성조成造에게 궁실을 짓게 하시고, 고시高矢에게 농사일을 맡게 하시고, 신지臣智에게 글자를 만들게 하시고, 기성奇省에게 의약을 베풀게 하시고, 나을那乙에게 호적을 관장하게 하시고, 희羲에게 괘서卦筮를 관장하게 하시고, 우尤에게 병마兵馬를 관장하게 하셨다.

성조께서 비서갑非西岬*에 거주하는 하백의 따님[河伯女]을 왕후로 맞아들여 누에치기를 맡게 하시니 그 위대한 치적이 사방을 널리 비추었다.

고조선의 후기 대부여시대

병진(BCE 425)년 주周나라 고왕考王* 때 나라 이름을 대부여[9]로 고치고 도읍을 백악산*에서 장당경[10]으로 옮겼으며, 여전히 8조의 금법으로 질서를 세우셨다.

독서와 활쏘기를 일과로 삼고, 하늘에 제사지냄을 근본 가르침으로 삼았으며, 농사와 누에치기에 힘쓰고 산과 못을 일반 백성에게 개방하셨다. 죄를 지어도 처자는 벌하지 않고 당사자에게만 미치게 하고, 백성과 더불어 의논하고 힘을 합하여 다스리셨다.

❋ 아사달 : 불함산이라고도 하는데, 만주 하얼빈의 완달산完達山을 말한다. (신채호, 『조선상고사』). 『삼국유사』에는 평양이라 하였는데, 이는 반도 사관에 병든 곡필曲筆일 뿐 지금의 평양이 아니다. 지금의 평양은 고조선 시대에는 마한의 수도였으며, 고구려 장수열제(427년) 이후에 고구려의 도읍이 되었다.

✿ 현묘한 도 : 한민족의 시원 종교이며 인류의 모체 종교인 '신교神敎'이다. 또한 최치원의 난랑비서鸞郎碑序에서 "나라에 현묘한 도가 있으니 이르길 풍류라 한다[國有玄妙之道 曰風流]"라고 한 풍류도風流道의 본래 이름이 신교神敎이다.

❋ 비서갑 : 지금의 만주 하얼빈哈爾濱.

❋ 고왕考王 : 주周나라 31대 왕(재위 BCE 441~426). BCE 425년은 32대 위열왕威烈王이 즉위한 해이다. 그런데 고왕은 BCE 426년까지 재위한 것으로 나와 1년 차이가 난다.

❋ 백악산 : 백악산 아사달을 말함. 백악산은 지금의 만주 농안農安, 장춘長春 지방에 위치. 단군조선시대의 두 번째 도읍지. 22대~43대 단군까지, 860년간의 수도.

絃-현악기 탈 현
溢-넘칠 일
好逑 : 좋은 짝

남유상직　여유호구　가개축적
男有常職하며**女有好逑**하며**家皆蓄積**하며

산무도적　야불견기　현가일역
山無盜賊하며**野不見飢**하며**絃歌溢域**하니라.

단군왕검　자무진통국　전사십칠세
檀君王儉이**自戊辰統國**으로**傳四十七世**하니

역이천구십육년
歷二千九十六年하니라.

4. 해모수의 북부여 건국과 고주몽의 북부여 계승

慕-사모할 모
漱-양치질할 수
酋-우두머리 추

竊-훔칠 절(竊의 속자)
鄙-궁벽한 곳 비
準-법 준
殆-거의 태
渠-도랑 거
鴨-오리 압
倡-창도할 창
壤-땅 양

倡義興兵 : 국난을 당하여
의병을 일으킴

임술진시시　신인대해모수　기어웅심산
壬戌秦始時에**神人大解慕漱**가**起於熊心山**하시고

정미한혜시　연추위만　절거서비일우
丁未漢惠時에**燕酋衛滿**이**竊居西鄙一隅**할새

번한준　위전부적　입해이망
番韓 準이**爲戰不敵**하야**入海而亡**하니

자차　삼한소솔지중　태천민어한수지남
自此로**三韓所率之衆**이**殆遷民於漢水之南**하고

일시군웅　경병어요해지동
一時羣雄이**競兵於遼海之東**이러니

지계유한무시　한　이병　멸우거
至癸酉漢武時하야**漢**이**移兵**하야**滅右渠**하니라.

서압록인고두막한　창의흥병　역칭단군
西鴨綠人高豆莫汗이**倡義興兵**하야**亦稱檀君**하시고

을미한소시　진거부여고도
乙未漢昭時에**進據夫餘故都**하야

칭국동명　시내신라고양야
稱國東明하시니**是乃新羅故壤也**라.

남자에게는 일정한 직업이 있고 여자에게는 좋은 배필이 있었다. 집집마다 재물이 풍부하고 산에는 도적이 없으며, 들에는 굶주리는 사람이 없고 악기 소리와 노랫소리가 온 나라에 넘쳐흘렀다.

시조 단군왕검께서 무진(BCE 2333)년에 나라를 통일함으로부터 47세를 전하니, 역년 2,096년을 누렸다.

4. 해모수의 북부여 건국과 고주몽의 북부여 계승

임술(BCE 239)년 진시황 때 신인 대해모수大解慕漱*가 웅심산熊心山*에서 일어났다. 정미(BCE 194)년 한나라 혜제惠帝*때 연나라 유민들의 우두머리 위만[11]이 서쪽 변방 땅 일부를 도적질하여 웅거하였다. 이에 번한의 왕 준準이 맞서 싸웠으나 당해 내지 못하고 바다로 도망하였다. 이로부터 삼한三韓[12]에 속해있던 백성들은 대부분 한수漢水[13]이남으로 옮겨 살게 되었다.

이후 한때 군웅이 요해遼海*의 동쪽에서 군대를 일으켜 서로 경쟁하더니, 계유(BCE 108)년 한무제 때 한나라가 쳐들어와 위만의 손자 우거*를 멸하였다.

이 때 서압록* 사람 고두막한高豆莫汗[14]이 의병을 일으켜 또한 단군이라고 칭하였다.

을미(BCE 86)년 한나라 소제昭帝* 때 고두막한이 부여[15]의 옛 서울을 점령하고 나라 이름을 동명東明[16]이라 칭하니, 이곳은 내내 신라의 옛 땅[17]이다.

*대해모수大解慕漱 : 단군의 고조선을 계승한 북부여의 시조.

*웅심산熊心山 : 지금의 만주 길림성 서란舒蘭 소성자小城子.

*혜제惠帝 : 한漢나라 2대 임금(재위 BCE 194~188).

*요해遼海 : 요하와 발해. 지금의 요하는 요나라 건국 이후에 불려진 이름이고, 이전에는 백하白河, 난하灤河 등을 가리켰는데 여기서는 난하를 말한다.

*우거(?~BCE 108) : 위만의 손자이며 위만정권의 마지막 왕.

*서압록 : 지금의 서요하西遼河를 말한다. 압록강은 둘인데, 하나는 동압록으로 지금의 압록강이며, 또 하나는 서압록으로 지금의 요하이다.

*소제昭帝 : 전한前漢의 8대 임금(재위 BCE 87~74).

鄒-이름 추
牟-소 우는 소리 모
祠-제사지낼 사
故都 : 옛 수도
故壤 : 옛 땅
舊章 : 옛날의 법률과 제도
建元 : 연호를 세움
多勿 : '따무르자' → '되무
르자'를 한자 표기한 이두
문자로, 이는 만주와 중국
북부의 우리 옛 땅을 회복
하자는 의미를 담고 있는
데, 고구려인의 국시였으
며 지금까지도 그 정신이
면면히 이어지고 있다.

지계해동시월　고추모
至癸亥冬十月하야 高鄒牟가
역이천제지자　계북부여이흥
亦以天帝之子로 繼北夫餘而興하사
복단군구장　　사해모수　　위태조
復檀君舊章하시고 祠解慕漱하야 爲太祖하시고
시건원　위다물　　시위고구려시조야
始建元하야 爲多勿하시니 是爲高句麗始祖也시니라.

동명신화東明神話

여기서 우리가 생각해 볼 것은 부여의 계승자임을 표방한 고구려와 백제의 건국신화에 부여의 동명왕신화가 재현되어 있다는 점이다. 이에 대한 기록이 중국 측의 『논형論衡』을 비롯하여 『삼국지三國志』, 『후한서後漢書』, 『수서隋書』, 『북사北史』 등과 우리 기록인 「광개토왕비廣開土王碑」, 「모두루묘지牟頭婁墓誌」, 「삼국사기」, 「삼국유사」 「동명왕편東明王篇」 등에 나타나 있다.

동몽골 부이르노르 초원의 고구려 칸(Khan) 석상 현지에서 동명왕이라 전해온다.

동명신화는 최초의 기록인 『논형』(1세기)부터 6세기 문헌에 이르기까지 고구려의 건국신화가 아닌 부여의 건국신화로 구분하고 있는데 반해 『삼국사기』나 『삼국유사』 「동명왕편」 등에서는 주몽의 건국신화로 되어 있다(임기환 『동명신화의 전개와 변용』 「부여사와 그 주변」, 2008). 따라서 동명이 어떻게 왜곡됐느냐 하는 실체가 오직 이 『삼성기』에서만 밝혀지고 있다.

BCE 108년 한나라 무제가 요하의 우거정권(우거는 번조선을 찬탈한 위만의 후손)을 멸한 뒤 군현을 설치하고자 대군을 동원하여 동방(당시 북부여)을 침략했다. 이 때 거국적으로 의병을 일으켜 파죽지세로 몰려오는 한족 침략군을 막아낸 북부여의 구국영웅이 고두막한이다. 고조선 47세 고열가단군의 후손인 그는 거병에 앞서 졸본에서 동명왕으로 즉위하였고, 훗날 민심을 얻어 북부여 5대 단군에 즉위하였다. 동명은 흔히 고구려를 개국한 주몽으로 알려져 있으나 연개소문의 아들인 연남산의 묘지명에 "옛날에 동명은 기운에 감응되어 표천浿川을 넘어 나라를 열었고, 주몽은 광명으로 잉태되어 패수에 임하여 도읍을 열었다(昔者 東明感氣 踰浿川而啓國 朱蒙孕日 臨浿水而開都)"라고 하여 동명과 주몽이 전혀 다른 인물임을 밝혀주고 있다.

계해(BCE 58)년 겨울 10월*에 이르러 고추모(고주몽)가 역시 천제의 아들로서 북부여를 계승하여 일어났다. 그리하여 단군의 옛 법을 회복하고, 해모수를 시조로 받들어 제사지내고 연호를 정하여 다물多勿*이라 하시니 이 분이 곧 고구려의 시조이시다.

* 겨울 10월 : 안함로의 『삼성기』 원문에는 '춘정월春正月' 로 기록되어 있다. 그러나 『북부여기』 하권에 보면 '동시월冬十月' 로 기록되어 있어 여기에 따라 '겨울 10월' 로 고쳐 썼음을 밝혀 둔다.

* 다물多勿 : 고주몽이 건국한 고구려의 연호이며 고구려의 국시國是이다. '배달국 신시시대와 단군조선시대의 옛 강토와 신교문화를 다시 부흥시켜 회복한다[復舊土]' 는 고구려의 거국적 민족운동과 그 정신을 말한다.

한무제의 동방 침략

상편 미주

1) 권화權化

본래 불교 용어로 부처나 보살이 중생을 구제하기 위해 사람으로 화신化身하여 세상에 나타나는 것을 뜻하나 여기서는 문맥의 뜻을 살려 '대권능의 조화'로 해석하였다. 『삼성기』 상편의 편찬자인 안함로는 유·불·선 삼교에 두루 통달한 도승으로 불교적 색채의 언어만 아니라 삼교의 언어를 종합하여 역사를 서술하고 있다.

2) 동녀동남童女童男 800명

동녀동남은 인류 문명의 첫 출발이 '정음정양正陰正陽'의 우주원리로 시작되었음을 밝혀 주는 표현이다. 800이란 수는 통일을 전제로 한 새로운 창조를 상징한다(천지 일원수一元數 100은 통일을, 8은 봄의 목木기운으로 창조를 상징).

3) 자정子井과 여정女井

자정과 여정은 아들과 딸들이 따로 구분되어 쓰던 우물이란 뜻인 듯하며 여기서 남녀유별男女有別 사상과 음양사상의 뿌리를 엿볼 수 있다. 그리고 정지井地를 나누었다는 구절로 보아 당시 농경생활이 이미 시작되었음을 알 수 있다.

4) 청구靑邱

청구는 우리나라의 별칭으로, 예로부터 중국인들은 동방의 우리나라를 가리켜 '청구국靑邱國'이라 불러 왔다. 이는 원래 배달국을 지칭하는 말이다. 초대 환웅천왕이 백두산의 신시神市에 도읍을 정하였고, 14세 치우천왕 때 이곳으로 옮겼다.

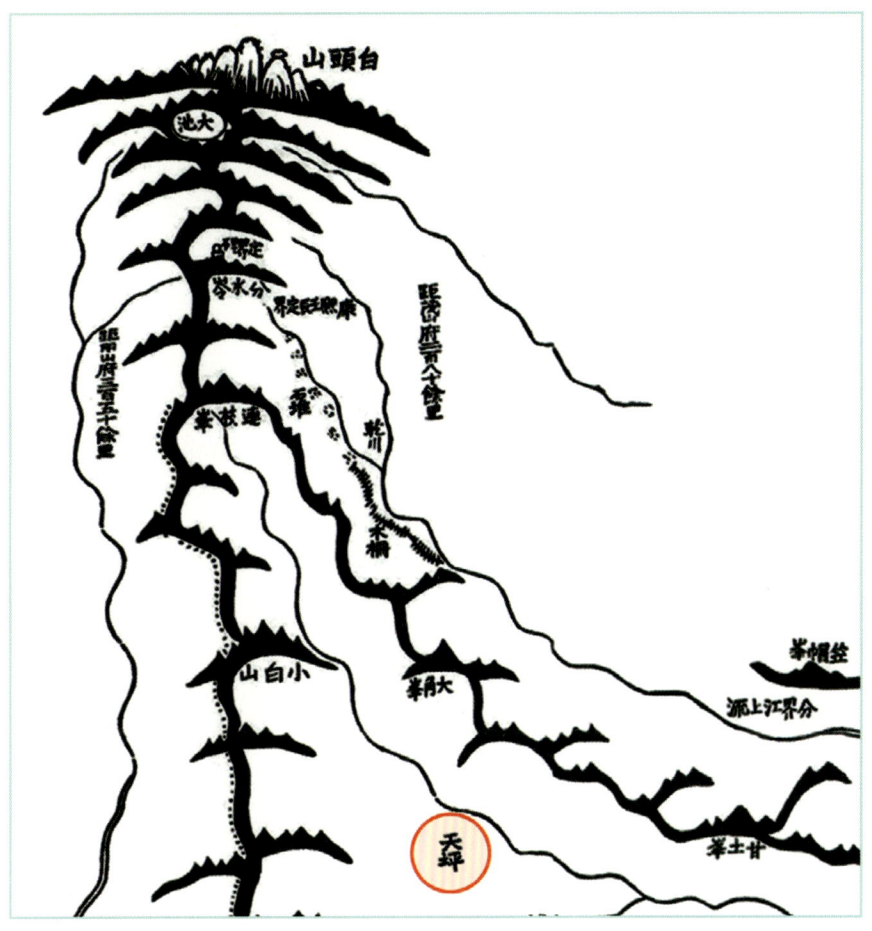

천평을 표시한 대동여지도大東輿地圖 백두산 아래의 소백산(작은 백산)이 있음으로 볼 때 백두산이 곧 백산이며 태백산(큰 백산)임을 알 수 있다. 영·정조실록에는 천평이 백두산 북쪽에 있다고 기록되어 있다.

청구의 위치는 '고구려하高句麗河(지금의 요하)의 서쪽 대릉하大凌河'에 있었던 것으로 보인다. 그런데 『사기정의史記正義』에는 '바다(발해) 동쪽으로 3백 리 떨어진 곳'이라 했으므로 대릉하의 서쪽인 난하灤河 지역으로도 추정할 수 있다. 『독사방여기요讀史方輿紀要』에서는 청구가 산동성 청주부靑州府 낙안현樂安縣 북쪽에 있다고 하였는데, 낙안현의 치소는 박흥현博興縣의 동북쪽에 있었다. 신교의 오행五行 철학에서 동방(3·8木)은 청靑색을 상징하므로 동방에 위치한 우리 배달국을 '동방의 나라'라는 뜻으로 청구국이라 한 것이다.

5) 배달

예로부터 우리 한민족을 '배달민족', '배달겨레'라 불러온 까닭은 배달이라는 국가가 실제 존재했으며, 배달의 건국과 함께 동방 한민족의 기틀이 형성되었기 때문이다.

배달국은 도읍의 위치에 따라 전기의 신시시대와 후기의 청구시대로 나누어 볼 수 있다. 신시시대는 고고학적으로 후기 신석기(홍산문화)시대에 해당하며, 체계적인 국가조직이 형성되던 시기로 요녕성 능원현, 건평현 등에서는 용龍을 새긴 정교한 옥기와 돌무지무덤, 여신상, 사당 건물터 등의 유적이 발굴되었으며, 능원현 남성자와 적봉赤峰에서는 성터도 발굴되었다.

6) 웅씨족의 여인[熊氏女]

『삼국유사』「고조선」조에 기록된 '웅녀熊女'를 사람이 아닌 곰으로 인식하는 무지와 오해를 이 '웅씨녀熊氏女'라는 기록을 통해 모두 떨쳐버려야 한다. 중독中毒·왜독倭毒·양독洋毒의 삼독三毒에 찌든 중국 사대주의자와 일제 식민주의자, 외래종교 광신자들은 우리 국조를 곰으로 날조 매도하여 민족사의 뿌리를 부정한다. 이 웅녀족의 문제는 한민족 고대사 말살 정책에 깊이 세뇌당해 자신의 조상마저 부정하고 뿌리를 바꾸어 환부역조換父易祖의 큰 죄를 범하고 있는 오늘의 후손들에게 뿌리역사의 진실을 바르게 볼 수 있도록 하는 내용이다.

여기서 씨氏는 성씨의 개념이 아니며, 호칭에 대한 접미사나 존칭의 의미로 쓰였다. 성씨 제도의 시작은 이보다 후대의 일이다. 증산도甑山道에서는 성씨의 기원에 대해 '(우리나라 태극기의 시조이신) 태호복희씨께서 풍산風山에 살면서 풍風가로 성을 삼아, 이 풍가가 성씨의 기원이 되었으나

15대 만에 끊어져 전하여 오지 못하고, 후에 염제신농씨가 강수姜水에 살면서 강姜가로 성을 삼았으며 이 강姜씨가 인류 성씨의 시조가 되었다.(『道典』 2:37)' 고 밝혀 주고 있다.

7) 단군왕검

『삼국사기』「고구려본기」동천왕조에 나오는 '선인왕검仙人王儉' 은 단군왕검을 뜻한다. 단군은 제사장의 뜻이며 왕검은 정치적 군장을 뜻한다. 당시에 많은 왕검이 있었는데 단국檀國의 왕검이 배달국의 대통을 이어 받아 9환족을 모두 통일하고 전 영토를 3한三韓으로 나누어 다스렸으며 아울러 제사장 단군을 겸하였으므로 '단군왕검' 이라는 제정일치의 통치자 호칭이 생겨나게 된 것이다(『태백일사』「삼한관경본기」).

8) 조선朝鮮

조선은 영토를 관할한다는 '관경管境' 의 의미이다.『마한세가』하下에 '조선朝鮮은 위관경야謂管境也라' 고 하였고, 『만주원류고』에는 '숙신肅愼의 본래 음音이 주신珠申이며 관경의 의미를 갖고 있다' 고 하였다. 한편『오월춘추』에는 조선이 '주신州愼' 으로 기록되어 있다. 이로 보아 숙신은 '조선' 의 전음轉音으로 조선과 숙신은 본래 하나였음을 알 수 있다.

9) 대부여大夫餘

44대 구물단군 때 나라 이름을 조선에서 '대부여' 로 고쳤다.『규원사화』에 보면 단군왕검의 넷째 아들 부여를 서쪽 땅에 봉해 그곳을 부여라 한 것에서 부여라는 국호가 유래했다고 한다. 부여는 어둠을 헤치고 먼동이 부옇게 밝아 온다는 의미로 광명의 뜻이 담겨있다.

10) 장당경藏唐京

장당경은 지금의 중국 요녕성 개원開原 지역으로 '송화강 아사달' , '백

악산 아사달'에 이어 세 번째로 옮겨간 도읍지이다(단군 44대~47대, 188
년간의 수도).

송화강 아사달(흑룡강성 하얼빈) 단군조선의 첫 번째 수도(1세 단군~21세 단군)
현지 답사 사진. 겨울이라 송화강이 두껍게 얼어 있다.

백악산 아사달(길림성 농안) 단군조선의 두 번째 수도(22세 단군~43세 단군)
앞에 보이는 탑은 농안고성古城 서문 밖에 세워진 요나라 탑이다.

장당경 아사달(요녕성 개원) 단군조선의 세 번째 수도(44세 단군~47세 단군) 현재 개원노성開原老城으로 불리는 지역으로 앞에 보이는 것은 금나라 탑이다.

11) 위만衛滿

위만은 연燕왕 노관盧綰의 부하다. 북부여 해모수단군 45(BCE 195)년에 '번조선'의 74대 마지막 왕 기준(BCE 221~BCE 194)에게 망명을 하였다가 이듬해 간교한 술책으로 번조선의 왕위를 찬탈하고 86년간 우리의 서쪽 변방의 한 모퉁이를 빼앗아 지배하였다(BCE 194~BCE 108).

12) 삼한三韓

여기서 삼한은 삼한관경제로 다스리던 단군조선의 전삼한前三韓(진한·마한·번한)을 말한다. 진한은 지금의 만주, 번한은 요하 서쪽~하북성 일대, 마한은 한반도 지역이다.

단군조선의 전삼한 체제가 무너진 후 진조선·번조선의 유민들이 한강 이남으로 이주해 와서 축소된 형태의 삼한을 재건하였다. 한반도의 중부 이남에 이주하여 자리 잡은 것이 소위 '중삼한'으로, 후삼한시대로 넘어가는 '열국 분열시대의 과도기'를 형성하였다.

후대에 단군조선의 삼한관경제를 부정하고 말살함으로써 지금은 교과서에서조차도 한강 이남의 삼한만을 말하고 있으며, 그것이 본래부터 자생한 것으로 잘못 가르치고 있다.

'한韓의 명맥命脈'을 세 시대로 나누어 정리해 보면 다음과 같다.

① 고조선 시대의 삼한관경인 진한·번한·마한의 '전삼한'

② 전삼한인 고조선의 관경 체제가 무너지고 그 유민들이 한강 이남에 내려와서 건설한 마한馬韓·진한辰韓·변한弁韓의 '중삼한'으로, 지금의 교과서에 나오는 '삼한 연맹' 체제를 말한다.

③ 신라(진한)·백제(마한)·가락(변한)의 '후삼한'.(전삼한과 후삼한, 둘로 구분할 때는 '후삼한'은 ②의 삼한을 말한다).

13) 한수漢水

한수는 지금의 한강漢江을 말한다. 한강은 삼국시대 초기에는 대수帶水, 고구려 광개토열제 때는 아리수阿利水, 그 이후에는 욱리하郁里河·한수漢水·한강으로 불렸다.

14) 고두막한高豆莫汗

고두막한은 고조선의 마지막 단군 고열가의 후손이며 후後북부여의 시조(재위 BCE 108~60)이다. 한 무제가 쳐들어왔을 때 구국의 의병을 일으켜 이를 격퇴하고 북부여의 4대 고우루단군에 이어 단군의 위에 올랐다. 호를 동명東明이라 하여 '동명왕'이라고도 한다(『북부여기』하).

15) 부여

여기서의 부여는 해모수가 세운 북부여를 말한다. 부여의 옛 서울은 백악산 아사달로 지금의 만주 농안農安·장춘長春 지역이다.

16) 동명東明

　　'동방의 광명(밝음)'이란 뜻을 지닌 동명東明은 47세 고열가단군의 후예인 고두막한이 세운 나라로(『북부여기』하) '동명부여(BCE 108~87)라고도 한다. 또 인물로서의 동명왕 고두막한을 가리키기도 한다.

　　『삼국사기』에는 동명을 고주몽이라고 했으나 동명과 고주몽은 전혀 다른 인물이다. 동명왕 고두막한의 후기 북부여시대를 계승하여 고구려를 세운 인물이 바로 고주몽이다(이는 고조선과 고구려 사이의 잃어버린 역사의 고리를 찾는 가장 중요한 단서이므로 반드시 기억해 두어야 한다).

길림시 모아산 부여 유적 근처 동단산에서는 부여의 성터가, 바로 앞에 보이는 모아산에서는 부여의 고분들이 발굴되어 학계에서는 전기 부여의 왕성으로 추정하고 있다.

17) 신라의 옛 땅

여기서 말하는 신라의 옛 땅은 곧 지금의 만주 길림吉林 지역이다. 『삼국사기』 「신라본기」 제1에 '선시조선유민先是朝鮮遺民' 이라 한 대목과 단군조선의 전삼한시대가 무너진 후 진조선 지역인 만주에 살던 유민들이 후삼한의 진한辰韓 땅, 경주 지역으로 내려왔다는 두 가지 사실로 미루어 볼 때, 사로국 신라의 원 거주지는 부여의 옛 서울인 길림 지역이었음을 알 수 있다.

여기서 신라를 언급한 것은 『삼성기전』 상편의 저자가 신라인이기 때문이다. 신라의 시조 박혁거세가 북부여 황실의 혈통이라는 사실이 『태백일사』 「고구려국본기」에 자세히 기록되어 있다. 고려 때 이승휴는 『제왕운기帝王韻紀』에서 "시라(신라) · 고례(고구려) · 남북옥저 · 동북부여 · 예 · 맥은 모두 단군의 자손이다" 라고 하였다.

용담산에서 내려다 본 송화강과 길림시 용담산에는 고구려 토성과 연못 및 우물이 잘 남아 있다.

천산 인류의 시원 국가 환국의 시원처로 여겨지는 곳이다.

백두산 환웅천왕이 환국으로부터 내려와 신시를 연 곳으로 한민족 뿐만 아니라 동북아 민족의 영산이다.

삼성기전 하편
三聖紀全 下篇

원동중元董仲 찬撰

원동중(생몰연대 미상)

원동중에 대한 자세한 행적은 전하지 않는다. 다만 『세조실록』에, 세조가 팔도관찰사에게 수거하도록 유시한 도서목록에 안함로와 더불어 『삼성기』의 저자로 기록되어 있다. 한암당寒闇堂 이유립은 원동중을 고려 때 인물로 비정比定하였다.

1. 인류의 시조와 동서 문명의 시원 국가

阿–언덕 아
曼–뻗을 만
庀–다스릴 비
庶–많을 서
富且庶焉 : 부유하고 수효
가 많음
代天宣化 : 하늘을 대행하
여 교회敎化함

인류지조 왈나반
人類之祖를 曰那般이시니

초 여 아 만 상 우 지 처 왈 아 이 사 비
初與阿曼으로 相遇之處를 曰阿耳斯庀라.

몽 득 천 신 지 교 이 자 성 혼 례
夢得天神之敎하사 而自成昏禮하시니

즉 구 환 지 족 개 기 후 야
則九桓之族이 皆其後也라.

석 유 환 국 중 부 차 서 언
昔有桓國하니 衆이 富且庶焉이라

초 환 인 거 우 천 산 득 도 장 생
初에 桓仁이 居于天山하사 得道長生하사

거 신 무 병 대 천 선 화 사 인 무 병
擧身無病하시며 代天宣化하사 使人無兵하시며

인 개 작 력 자 무 기 한
人皆作力하야 自無飢寒이러니

2. 환국의 12연방국과 통치자

赫–빛날 혁
胥–서로 서
襄–도울 양
摠–합칠 총(總의 속자)

전 혁 서 환 인 고 시 리 환 인 주 우 양 환 인 석 제 임 환 인
傳赫胥桓仁·古是利桓仁·朱于襄桓仁·釋提壬桓仁.

구 을 리 환 인 지 지 위 리 환 인 혹 왈 단 인
邱乙利桓仁하야 至智爲利桓仁하니, 或曰檀仁이라.

고 기 운 파 내 류 지 산 하 유 환 인 씨 지 국
古記에 云 波奈留之山下에 有桓仁氏之國하니

천 해 이 동 지 지 역 칭 파 내 류 지 국
天海以東之地를 亦稱波奈留之國이라.

기 지 광 남 북 오 만 리 동 서 이 만 여 리 총 언 환 국
其地廣이 南北五萬里오 東西二萬餘里니 摠言桓國이오

1. 인류의 시조와 동서 문명의 시원 국가

인류의 시조를 세상에서는 나반那般이라 한다. 처음에 아만阿曼*과 서로 만난 곳은 아이사비阿耳斯庀*였다. 꿈에 천신의 가르침을 받고 두 분이 스스로 혼례를 올리시니 환족에서 퍼져 나간 모든 족속[九桓族]은 다 이 두 분의 후손이다.

옛적에 환국이 있었다[昔有桓國]. 백성들은 풍요롭고 또한 인구가 많았다. 처음에 환인께서 천산에 거하며 도를 깨우쳐 장생하시니 몸에는 병이 없으셨다. 하늘을 대행하여 널리 교화를 베풀어 사람들로 하여금 싸움이 없게 하시고, 모두 힘을 합해 열심히 일하여 굶주림과 추위가 저절로 사라지게 되었다.

2. 환국의 12연방국과 통치자

초대 안파견 환인으로부터 2세 혁서환인, 3세 고시리환인, 4세 주우양환인, 5세 석제임환인, 6세 구을리환인을 이어 7세* 지위리환인에 이르니, 이 분을 단인이라고도 부른다.

『고기』에 다음과 같이 기록되어 있다.

"파내류산波奈留山¹⁾ 아래에 환인씨의 나라²⁾가 있으니, 천해天海³⁾의 동쪽 땅을 또한 파내류국이라 한다. 그 땅의 넓이는 남북으로 5만 리요, 동서로 2만여 리니 그 모두를 일러 환국이라 했다.

✱ 나반과 아만 : 인간이 탄생하여 처음 배우는 말이 엄마·아빠이다. 나반과 아만은 지금의 아버지 어머니의 뜻이다. 불교에서는 지금도 나반존자를 섬기는 풍속이 있다.
나반→아빠→아바이→아버지, 아만→엄마→어마니→어머니. 또한 환국의 환인 '안파견安巴堅'과 아메리카 인디언의 '아파치', 거란이 세운 요遼나라의 건국자 '아보기阿保機'는 모두 아버지를 뜻하는 말이다.

✱ 아이사비 : 사비려아斯庀麗阿라고도 한다. 『태백일사』「삼신오제본기」에서는 이곳을 송화강 또는 천하(바이칼호)로 보고 있다. 이유립은 아이숲(원시림. 수릿벌)이라 해석하고 있다.

✱ 7세 : 『일본서기』에는 환국의 7대 환인천제를 모방한 신세 7대[神世七代], 즉 남신男神 구니노토코타치國常立尊, 구니노사즈치國狹槌尊, 도요쿠모노豊斟淳尊 3대와 남녀 쌍을 이룬 우히지니泥土煮尊·스히지니沙土煮尊, 오호토노지大戸之道尊·오호토마베大苦邊尊, 오모다루面足尊·카시코네惶根尊, 이자나기伊奘諾尊·이자나미伊奘撰尊 4대가 기록되어 있다.

寇-도둑 구
勾-굽을 구
牟-보리 모
額-이마 액
稷-피 직
豕-돼지 시
韋-가죽 위
爾-너 이
孰-어느(누구) 숙
僉-다 첨
嘗-일찍이 상
遣-보낼 견
敕-조서 칙(=勅)
業-이미 업
君-그대 군
惜-아낄 석
厥-그 궐
如今 : 당금, 이제, 지금
業己 : 이미
洪範 : 洪은 크다는 뜻이고(大地也) 範은 법의 뜻이니(法也), 천지의 대법(天地之大法)을 말한다.

알혼섬 민속박물관의 신목神木세르게(삼신솟대) 세르게는 하늘, 땅 위, 땅 아래의 삼계로써 이 우주를 설명한다. 이는 시베리아의 샤머니즘의 천일(天一: 조화신), 지일(地一: 교화신), 태일(太一: 치화신)의 환국의 삼신 문화가 원형 그대로 전해오고 있음을 보여주는 것이다.

분언즉비리국　양운국　구막한국　구다천국　일군국
分言則卑離國·養雲國·寇莫汗國·勾茶川國·一羣國,

우루국　일운필나국　객현한국　구모액국
虞婁國一云畢那國·客賢汗國·勾牟額國·

매구여국　일운직구다국　사납아국
賣勾餘國一云稷臼多國·斯納阿國·

선비국　일칭시위국혹운통고사국　수밀이국
鮮稗國一稱豕韋國或云通古斯國·須密爾國이니

합십이국야
合十二國也라.

천해　금왈북해　전칠세
天海는 今曰北海라 傳七世하니

역년　공삼천삼백일년
歷年이 共三千三百一年이오

혹운육만삼천일백팔십이년　　미지숙시
或云六萬三千一百八十二年이라 하니 未知孰是라.

3. 환국 말, 환웅의 동방 개척

환국의 3천 명 환족 무리의 백두산문명 개척

환국지말　안파견　하시삼위태백
桓國之末에 安巴堅이 下視三危太白하시고

개가이홍익인간　수가사지
皆可以弘益人間일새 誰可使之오 한대

오가　첨왈　서자　유환웅　용겸인지
五加가 僉曰 庶子에 有桓雄하야 勇兼仁智하시고

상유의어역세이홍익인간
嘗有意於易世以弘益人間하시니

가견태백이리지
可遣太白而理之라 하야늘

내수천부인삼종
乃授天符印三種하시고

잉칙왈　여금　인물　업이조완의
仍敕曰 如今에 人物이 業己造完矣니

군　물석궐로　솔중삼천이왕
君은 勿惜厥勞하고 率衆三千而往하야

이 환국은 다시 여러 나라들로 구성되었는데, 그 이름은 비리국, 양운국, 구막한국, 구다천국, 일군국, 우루국 또는 필나국, 객현한국, 구모액국, 매구여국, 일명 직구다국, 사납아국, 선비국, 일명 시위국 또는 통고사국, 수밀이국[4]으로 모두 합하여 12개국[5]이다"

천해는 지금의 북해北海이다. 환국은 7세를 전하니, 그 역년은 모두 합하여 3,301년 또는 63,182년이라 하나 어느 것이 옳은지 알 수 없다.

바이칼호 알혼섬의 성소인 부르한(Burkhan) 바위 부르한은 한민족의 불함산과도 흡사하다. 스스로 '코리(고려)' 또는 '부리야트(부여)' 라 부르는 이 지역 원주민들은 혈통, 종교, 관습 등 다방면에서 한국인과 동질성을 갖고 있다. 예를 들면 활 잘 쏘는 사람을 동명(투멘)이라 하고, '선녀와 나무꾼' 과 같은 설화가 전해진다.

3. 환국 말, 환웅의 동방 개척

환국의 3천명 환족 무리의 백두산 문명 개척

환국 말기에 안파견*께서 삼위산三危山[6]과 태백산太白山을 내려다보시고,

"두 곳 모두 널리 인간을 이롭게 할[弘益人間] 수 있는 곳이라. 과연 누가 적임자인가?"

하고 물으시니, 오가의 추장들이 모두 대답하기를

"서자庶子[7]에 환웅이란 인물이 있는데 용기와 어짊과 지혜를 겸했고, 일찍이 세상을 개혁하여 홍익인간하려는 뜻을 가지고 있으니 그를 동방의 태백산(백두산)으로 보내 다스리게 하십시오"

하거늘, 이에 환인께서 환웅에게 천부天符와 인印 세 종류를 주시며 명하시기를,

* 안파견 : 아버지의 대명사로서, 여기서는 7세 지위리 환인을 말한다.

開天立敎하고 在世理化하야

爲萬世子孫之洪範也어다.

중국 한漢족의 전설상의 원 시조 반고는 실존 인물

時에 有盤固者好奇術하야 欲分道而往하야

請하니 乃許之라

遂積財寶하고 率十干十二支之神將하고

與共工·有巢·有苗·有燧로

偕至三危山拉林洞窟하야 而立爲君하니

謂之諸畎이오 是謂盤固可汗也니라.

於是에 桓雄이 率衆三千하사

降于太白山頂神壇樹下하시니

謂之神市오 是爲桓雄天王也시니라

將風伯·雨師·雲師하시고

而主穀·主命·主刑·主病·主善惡하시며

凡主人間三百六十餘事하사 在世理化하시고

弘益人間하시니라.

逐-드디어 수
巢-집 소
苗-싹 묘
燧-부싯돌 수
偕-함께 해
拉-꺾을 납
畎-밭도랑 견
頂-이마 정
壇-단 단
將-거느릴 장
伯-맏 백

"이제 인간과 만물이 제자리를 잡아 정립되었으니 그대는 노고를 아끼지 말고 '무리 3천 명'을 이끌고 가서 새 시대를 열어 가르침을 세우고[開天立敎] 세상을 신교神敎의 진리로 교화하여[在世理化] 만세 자손의 큰 규범으로 삼을지어다" 하시니라.

중국 한족의 전설상의 원 시조 반고는 실존 인물

환웅이 동방을 개척할 당시 기이한 술법을 좋아하던 반고라는 인물이 있었다. 그가 개척의 길을 따로 나누어 가기를 청하므로 환인께서 이를 허락하셨다.

마침내 그는 많은 재화와 보물을 싣고 십간十干 십이지十二支*의 신장을 거느리고 공공共工·유소有巢·유묘有苗·유수有燧 등과 함께 삼위산 납림拉林 동굴에 이르러 임금으로 즉위하니, 이들을 제견諸畎*이라 하며, 그를 반고가한[8]이라 불렀다.

이 때 환웅께서는 무리 3천 명을 이끌고 태백산 마루의 신단수神檀樹 아래에 내려오시어 이곳을 신시神市라 하시니, 이분이 바로 환웅천왕이시다.

환웅께서는 풍백風伯과 우사雨師와 운사雲師*를 거느리고 곡식과 왕명과 형벌과 질병과 선악을 비롯하여 인간 세상의 360여 가지의 일[人事]을 주관하시고 재세이화와 홍익인간의 이념을 펼치셨다.

* 10간十干 12지十二支 : 우리 민족의 시조 배달환웅께서 동방 백두산 문명을 개창할 당시 개척의 길을 달리하여 떠난 중국 한족의 시조 반고가 중국사의 시원을 열 때 10간과 12지의 신장을 거느리고 이동했다는 기록으로 보아 이 10간, 12지의 60갑자 개념은 이미 환국시대부터 그 근원적인 뿌리 원리가 있었다고 추정할 수 있다. 또 『천부경』이 환국의 구전지서口傳之書라는 사실로 볼 때 음양오행의 개념과 수리數理철학, 상수학象數學 등 역법의 역사도 환국시대까지 소급된다. 잘 알려진 사실로 동이족이 세운 은殷나라(BCE 1766~1122) 때는 임금 이름을 모두 60갑자로써 지었다.

* 제견諸畎 : 일반적으로 '견畎'이란 견이畎夷, 견이犬夷, 견융犬戎을 말한다.

* 풍백, 우사, 운사 : 『태백일사』「소도경전본훈」에 "風伯之立約 雨師之施政 雲師之行刑"이라 했는데, 풍백입법관, 우사행정관, 운사사법관은 신교의 삼신사상을 국가 통치 조직의 원리로 이화理化한 배달국시대의 관직명이다.

4. 웅족의 교화와 합일을 통한 배달국의 건국

신교의 수행 계율, 100일 기도와 21일 수행

隣-이웃 린
祈-빌 기
戒-경계할 계
氓-백성 맹(다른 나라에서
　귀화해 온 백성)
艾-쑥 애
炷-심지 주
蒜-마늘 산
枚-줄기 매
輩-무리 배
便-곧 변
神戒之氓 : 삼신 하느님의
계율을 따르는 백성
遵-좇을 준
儀-거동 의
放-방종할 방
若-같을 약
歸-시집갈 귀
孕-아이 밸 잉
懷-품을 회
帳-휘장 장
儀容 : 예절을 갖춘 훌륭
한 모습
放慢 : 멋대로 행동하고(방
탕) 게을러서(태만) 소홀히
함
假化爲桓 : 우선 일시적으
로 환족으로 인정함
有帳 : 환족으로 입적시킴

時에 有一熊一虎하야 同隣而居러니

嘗祈于神檀樹하야 願化爲神戒之氓이어늘

雄이 聞之曰可敎也라 하시고

乃以呪術로 換骨移神하실새

先以神遺靜解로 靈하니

其艾一炷와 蒜二十枚라

戒之曰 爾輩食之하고 不見日光百日하면

便得人形하리라 하신대

熊虎二族이 皆得而食之하야 忌三七日이러니

熊은 能耐飢寒하야 遵戒而得儀容하고

虎則放慢不能忌하야 而不得善業하니

是二性之不相若也라

熊女者無與爲歸故로 每於壇樹下에 呪願有孕이어늘

乃假化爲桓而使與之爲婚하야 懷孕生子에 有帳하니라.

4. 웅족의 교화와 합일을 통한 배달국의 건국

신교의 수행 계율, 100일 기도와 21일 수행

이 때 한 무리의 웅족과 호족[一熊一虎][9]이 이웃으로 함께 살고 있었다. 일찍이 이들이 신단수로 가서 "원컨대 삼신의 계율을 따르는 백성이 되기를 원하옵니다" 하고 빌거늘, 환웅께서 이 소식을 듣고 말씀하시기를 "가히 가르칠 만 하도다" 하시고 주술呪術로써 환골換骨케 하고 정신을 개조시키실 때, 먼저 삼신께서 전해주신, 즉 고요히 수행하여 심령을 정화하고 야만성을 깨끗이 벗겨 해탈하는 법으로써 몸과 마음을 신령스럽게 하시니, 이 때 쑥 한 묶음과 마늘 스무 매를 주시며 경계하여 말씀하시기를 "너희들은 이것을 먹으면서 햇빛을 보지 말고 100일을 기원하라. 그리하면 인간의 본래 참모습을 회복할 것이니라" 하시니라.

이에 웅족·호족 두 족속이 함께 쑥과 마늘[10]을 먹으면서 삼칠일(21일)을 지내더니, 웅족은 능히 굶주림과 추위를 참아 내고 계율을 지켜 도를 깨우친 형상과 얼굴 모습을 얻었으나, 호족은 방종하고 게을러 계율을 지키지 못하여 좋은 결과[善業]를 얻지 못하였으니 이는 두 족속의 성정이 다른 까닭이었다.

(후에) 웅족의 여인[熊女]들이 시집갈 곳이 없어 매일 삼신상제님께 천제올리고 기도드리는 신단수 아래에 와서 "천신이시여~ 저희들은 아이 갖기를 원하옵니다" 하고 주문처럼 읽으면서 소원을 빌었다. 이에 환웅께서 이들을 임시로 환족으로 받아들여 환족 남자들과 혼인하게 하셨는데, 임신을 하여 아이를 낳자 광명의 환桓 핏줄을 받은 자손으로 입적시키셨다.

웅족熊族

만주~시베리아 원시 부족과 베링해협을 건너간 북미 인디언들에게 부족의 상징으로 보편적으로 나타나는 것이 곰 토템이다. 북미지역에서는 곰 모형을 꼭대기에 앉혀놓은 토템기둥을 흔히 볼 수 있다. 부여족이 세운 백제의 두 번째 도읍지 이름도 웅진熊津(곰나루)이었다. 일본 규슈섬에는 웅습熊襲, 웅본熊本, 웅성熊城, 웅천熊川과 같은 '웅熊'자 지명을 숱하게 볼 수 있는데, 이는 배달시대 웅족熊族의 토템신앙을 그대로 계승한 '단군조선의 부여계'가 일본에 건너가 일본 고대문명을 건설한 역사적 사실을 생생하게 반증하는 내용이다. 환족의 일원으로 교화된 웅족은 동북아 전역으로 퍼져나가 동아시아 역사와 문화의 기초를 세웠다.

배달국의 발전과 단군의 계승

桓雄天王이 肇自開天으로 生民施化하실새

演天經하시며 講神誥하사 大訓于衆하시니라.

自是以後로 治尤天王이 闢土地하시며

採銅鐵하시며 鍊兵興産하시니

時에 九桓이 皆以三神으로 爲一源之祖하야

主蘇塗하며 主管境하며 主責禍하며

與衆議一歸로 爲和白하며

並智生雙修하야 爲居佺하니

自是로 九桓이 悉統于三韓管境之天帝子하니

乃號曰 檀君王儉이라.

웅·호족의 대립과 교화, 환족과 웅족의 통합

密記에 云桓國之末에 有難治之強族하야 患之러니

桓雄이 乃以三神設敎하시고

以佺戒爲業하시며 而聚衆作誓하야

有勸懲善惡之法하시니 自是로 密有剪除之志하시니라.

時에 族號不一하야 俗尚漸歧하니

原住者는 爲虎오 新移者는 爲熊이라.

肇–비로소 조
演–불길 연
採–딸 채
塗–진흙 도
責–꾸짖을 책
智生雙修 : 지혜[性]와 생
명력[命]을 동시에 닦음[性
命雙修]
佺–신선이름 전

聚–모을 취
誓–맹서할 서
懲–징계할 징
剪–벨 전
勸懲善惡=勸善懲惡
剪除之志 : 베어서 없애려
는 뜻
歧–갈림길 기(=岐)
嗜–즐길 기
殘–잔인할 잔
忍–모질 인
專–오로지 전

배달국의 발전과 단군의 계승

환웅천왕[11]께서 처음으로 동방 배달민족의 새 역사 시대를 열고[開天][12] 백성들에게 교화를 베푸실 때, 「천부경天符經」을 풀어 설명하시고 『삼일신고』를 강론하여 뭇 백성들에게 큰 가르침을 베푸셨다.

이후에 치우천왕(14대 환웅, 자오지환웅)께서는 영토를 개척하고, 구리와 철을 캐어 무기를 제조하고 병사를 훈련시키며 산업을 일으키셨다. 이 때 9환족이 모두 삼신을 한 뿌리의 시조로 삼게 되니, 천왕께서는 소도와 관경[13]과 책화*를 주관하고, 백성들의 의견을 모아 하나로 통일하는 화백*제도를 두셨다. 또한 백성들로 하여금 지혜와 생명력을 함께 닦아[智生雙修] 전佺의 도에 머물게 하셨다.

그 후 9환족이 관경管境*을 삼한三韓으로 나누어 다스리시는 천제의 아들[天帝子]에 의해 통일되니, 이 분이 단군왕검이시다.

웅·호족의 대립과 교화, 환족과 웅족의 통합

『밀기密記』*에 이르기를 이러하니라.

환국 말기에 다스리기 어려운 강한 족속[強族]이 있어 이를 근심하던 차에, 환웅께서 삼신으로 가르침을 세우고[以三神設教][14], 전의 계율[佺戒]*로써 업업을 삼았으며, 백성을 모아 맹세하게 하여 권선징악의 법을 두시니, 이로부터 은밀히 그 강족을 제거하려는 뜻을 두셨다.

이 때 각 부족의 이름[族號]이 한결같지 아니하고 풍속은 점점 갈라져 가니, 본래부터 살고 있던 원주민은 호족이었고, 새로 이주해 온 자들은 웅족이었다.

* 책화責禍 : 읍락邑落 사이의 경계를 중히 여겨 서로 침범하는 일을 금금한 제도.

* 화백和白 : 만장일치의 회의 제도. 신라의 정치제도로만 알려져 있으나 고조선시대에 이미 제도화된 것이다. 한 사람의 반대가 있어도 회의의 결정이 이루어지지 않았다.

* 관경管境 : 단재 신채호는 '관경은 우리 배달민족이 살고 있는 온 누리를 말한다'고 했다. (『조선상고사』)

* 밀기密記 : 「신시본기」에도 이와 똑같은 내용이 기록되어 있어 여기서 말하는 『밀기』는 『삼성밀기三聖密記』임을 명확히 알 수 있다. 『밀기』는 조선시대 세조의 수서收書 목록에도 보인다.

* 전佺의 계율 : 전계로 업업을 삼았다는 것은 곧 지생쌍수智生雙修하여 인간[人]을 온전[全]히 하는 인간 완성의 수행법을 일상생활業로 삼았다는 뜻이다.

事-일삼을 사
掠-노략질할 략
愎-괴팍할 팍
恃-믿을 시
疎-성길 소(=疏)
貸-꿔줄 대
嗜貪殘忍 : 탐심이 많고
인정이 없으며 모짊
愚愎自恃 : 어리석고 괴팍
하며 고집이 셈
假-빌 가
貸-빌려줄 대
廛-집터 전
盟-맹세할 맹
奠-정할 전
悛-고칠 전
奠接 : 살 곳을 정함

호 성　기 탐 잔 인　　전 사 약 탈
虎性은 嗜貪殘忍하야 專事掠奪하고

웅 성　우 팍 자 시　　불 긍 화 조
熊性은 愚愎自恃하야 不肯和調하니

수 거 동 혈　　구 익 소 원　　미 상 가 대
雖居同穴이나 久益疏遠하야 未嘗假貸하며

불 통 혼 가　　사 매 다 불 복　　함 미 유 일 기 도 야
不通婚嫁하며 事每多不服하야 咸未有一其途也러라.

지 시　　웅 녀 군　 문 환 웅　　유 신 덕
至是하야 熊女君이 聞桓雄이 有神德하고

내 솔 중 왕 현 왈 원 사 일 혈 전
乃率衆往見曰願賜一穴廛하야

일 위 신 계 지 맹
一爲神戒之盟이니이다 하야늘

웅　 내 허 지　　　사 지 전 접
雄이 乃許之하시고 使之奠接하야

생 자 유 산　　호　 종 불 능 전　　방 지 사 해
生子有産하고 虎는 終不能悛하야 放之四海하니

환 족 지 흥　　시 차 언
桓族之興이 始此焉하니라.

5. 배달국 시대의 최대 전성기

청동기 문화를 꽃피운 14대 치우천왕

葛-칡 갈
疆-지경 강
冠-으뜸 관
鑛-쇳돌 광
鑄-쇠를 부어 만들 주
畏-두려워할 외
蚩-어리석을 치
換-바꿀 환
冠絶 : 가장 뛰어나서 비
교할 만한 사람이 없음
銅頭鐵額 : 구리로 된 머리
와 쇠로 된 이매(여기서는
치우천왕이 청동 투구를
쓴 모습을 말하는데, 이 때
이미 청동기시대로 진입하
였음을 나타내고 있다)
採鑛鑄鐵 : 철광석을 캐어
쇠를 제련함

후　 유 갈 고 환 웅　　여 염 농 지 국
後에 有葛古桓雄하야 與炎農之國으로

획 정 강 계　　우 수 전 이 유 자 오 지 환 웅
劃定疆界하시고 又數傳而有慈烏支桓雄하시니

신 용 관 절　　이 동 두 철 액　　능 작 대 무
神勇冠絶하야 以銅頭鐵額으로 能作大霧하시며

조 구 치 이 채 광　　주 철 작 병
造九治而採鑛하야 鑄鐵作兵하시니

천 하 대 외 지　　세 호 위 치 우 천 왕
天下大畏之하야 世號爲蚩尤天王이라 하니

치 우　 속 언　　뇌 우 대 작　　산 하 개 환 지 의 야
蚩尤는 俗言에 雷雨大作하야 山河改換之義也라.

호족 사람들의 성격은 탐욕이 많고 잔인하여 오로지 약탈을 일삼았으며, 웅족은 어리석고 괴팍하고 고집스러워 조화를 이루지 못하여 비록 같은 곳에 살았으나 세월이 지날수록 서로 소원해져 갔다. 그리하여 서로 물건을 빌리거나 빌려 주지도 않고 혼인도 하지 않았으며, 매사에 서로 불복하여 함께 같은 길을 가지 않았다.

이 지경에 이르자 웅족의 여왕은, 환웅께서 신이한 덕[神德]이 있으시다는 소문을 듣고 무리를 거느리고 환웅님을 찾아뵙고 아뢰기를,

"원하옵건대 저희들에게 살 곳을 내려주십시오. 저희들도 삼신의 계율을 따르는 환족의 백성이 되고자 하옵니다."

하니, 환웅께서 이 말을 듣고 허락하여 웅족에게 살 곳을 정해주고 자식을 낳고 살아가게 하였으나, 호족은 끝내 성격을 고치지 못하므로 사해四海 밖으로 추방하시니, 환족의 부흥이 이로부터 시작되었다.

5. 배달국시대의 최대 전성기

청동기 문화를 꽃피운 14대 치우천왕

그 후 10세 갈고환웅 때는 염제신농의 나라와 국경을 정하였다. 다시 몇 대를 내려와 14대 자오지환웅*이 계셨으니, 이 분은 신이한 용맹이 매우 뛰어나[神勇冠絶] 구리[15]와 철로 투구를 만들어 쓰고[銅頭鐵額] 능히 큰 안개를 일으키며, 구치九冶*를 제작하여 광석을 캐내 이 철을 주조[採鑛鑄鐵]하여 무기를 제작하시니 천하가 모두 외경하였다.

그리하여 세상에서는 이 분을 치우천왕이라 불렀는데, 치우란 세속에서 말하길 '천둥이 치고 큰 비가 내려 산천이 뒤바뀐다' 는 뜻이다.

동두철액 내몽고 적봉시 미려하에서 출토된 고조선시대의 청동투구. 배달국의 청동투구도 이런 모습이었을 것이다.

✽ 자오지환웅 : 일명 치우천왕. 백두산 신시에서 서방을 개척하여 '청구'로 도읍을 옮겼다. 오늘날 중국인들이 시조로 받들고 있는 황제헌원을 제후로 삼으신 분이다. (『태백일사』「신시본기」)

✽ 구치九冶 : 구치는 광석을 캐는 채광기.

치우천왕의 신하로 있었던 중국사 시조 헌원

蚩尤天王_이 見炎農之衰_{하시고}
(치우천왕 견염농지쇠)

遂抱雄圖_{하야} 屢起天兵於西_{하시고}
(수포웅도 누기천병어서)

又自索度_로 進兵_{하야} 據有淮岱之間_{하시며}
(우자색도 진병 거유회대지간)

及軒侯之立也_에 直赴涿鹿之野_{하야}
(급헌후지립야 직부탁록지야)

擒軒轅而臣之_{하시고}
(금헌원이신지)

後遣吳將軍_{하야} 西擊高辛有功_{하니라.}
(후견오장군 서격고신유공)

時_에 天下鼎峙_{하야} 涿之北_에 有大撓_{하고}
(시 천하정치 탁지북 유대요)

東有倉頡_{하고} 西有軒轅_{하야}
(동유창힐 서유헌원)

自相以兵_{으로} 欲專其勝而未也_{러라.}
(자상이병 욕전기승이미야)

抱—안을 포
圖—꾀할 도
雄圖 : 웅대한 계략
屢—자주 루
淮—강 이름 회
岱—대산 대(=泰山)
軒—추녀 헌
赴—다다를 부
涿—땅 이름 탁
擒—사로잡을 금
轅—끌채 원
鼎—세발달린 솥 정
峙—고개 치
撓—어지러울 요

치우북채蚩尤北寨 치우채는 남채·중채·북채의 삼채로 이루어진 천험의 요새이다.

치우채 언덕에서 내려다본 탁록 시가지와 벌판의 모습

치우천왕의 신하로 있었던 중국사 시조 헌원

치우천왕께서 염제신농의 국가*가 날로 쇠약해져 가는 것을 지켜보시고 드디어 웅도雄圖를 품고 여러 번 서쪽에서 천왕의 군사[天兵]를 일으키셨다. 그리하여 색도索度*에서 군사를 진군시켜 회수와 태산 사이를 점령하셨다. 황제헌원*이 자립하여 왕위에 오를 즈음, 즉시 탁록涿鹿*의 광야로 진격하여 헌원을 사로잡아 신하로 삼으셨다. 이후 오장군을 파견하여 서쪽의 고신高辛* 땅을 공격하여 공을 세웠다.

이 때 천하의 형세는 솥발과 같이 대치하고 있었는데, 탁록의 북쪽에는 대요大撓가 있었고, 동쪽에는 창힐16)이 있었으며, 서쪽에는 헌원이 자리잡고 서로 무력으로 승패를 겨루었으나 서로를 이기지 못했다.

치우북채에서 내려다본 계곡의 모습

* 염제신농의 국가 : 염제신농의 8대 후손인 유망(BCE 2758~2688)이 다스리던 때를 말한다.

* 색도索度 : 색두索頭. 『독사방여기요讀史方輿紀要』에 보면 "산동성 임치현臨淄縣에 색두성索頭城이 있다"고 하였는데, 바로 이곳을 말한다. 또 다른 설로는, 역시 『독사방여기요』에서 말한 진정부眞定部 기주冀州 조강현棗强縣 서북 30리에 있는 색도수索度水로 보기도 한다. 이 색도수는 지금 색로하索蘆河로 부르고 있다.

* 황제헌원(BCE 2692~BCE 2592) : 성은 공손公孫, 이름은 헌원軒轅이며, 호는 유웅有熊이다. 희수姬水에서 오래 살아서 성을 희姬로 고쳤다. 중국 한족의 실질적인 시조로 받들어지고 있다.

* 탁록涿鹿 : 치우천왕과 황제헌원의 최대 격전지. 지금의 하북성 탁록현으로 북경 서쪽에 있다.

* 고신高辛 : 여기서 고신은 황제헌원의 증손인 제곡고신帝嚳高辛(BCE 2435~2365)이 아니라 지명으로 보아야 한다. 연대가 맞지 않는다.

頡-새 날아오를 힐
鼎峙 : 솥발처럼 셋으로
벌려 섬(=鼎立)
稍-조금 초
罔-없을 망
符圖之文 : 부적 같고 그
림과 같은 문자

초   헌원   초 후 기 어 치 우   매 전 불 리
初에 軒轅이 稍後起於蚩尤하야 每戰不利라

욕 의 대 요 이 미 득   우 의 창 힐 이 부 득
欲依大撓而未得하고 又依倉頡而不得하니

이 국   개 치 우 지 도 야   대 요   상 학 간 지 지 술
二國은 皆蚩尤之徒也라 大撓는 嘗學干支之術하고

창 힐   수 부 도 지 문
倉頡은 受符圖之文하니

당 시 제 후   망 불 신 사 자   역 이 차 야
當時諸侯가 罔不臣事者는 亦以此也라.

동북공정의 본원지 탁록의 중화삼조당中華三祖堂 중국은 기존의 황제 정통론에서 한 걸음 나아가 염제
와 황제의 자손이라는 뜻의 '염황지손炎黃之孫' 으로 역사를 고치더니 1995년에는 동방족의 조상인 치
우천왕까지 중국역사와 문화의 시조로 날조하여 중화삼조中華三祖로 만들고 그 성역화를 위해 '중화삼
조당中華三祖堂' 을 세웠다. 중국은 동이족의 찬란한 역사와 문화를 이렇게 쓸어 담음으로써 동북공정
의 기초를 세운 것이다.

처음에 헌원이 치우천왕보다 좀 늦게 일어나 싸울 때마다 불리하였다. 이에 대요에게 의지하고자 하였으나 도움을 얻지 못하여 창힐에게 의지하려 하였으나 이 역시 도움을 얻지 못했는데, 이들 두 나라는 모두 치우천왕을 추종하는 세력이었다. 대요는 일찍이 (배달국으로부터) 60갑자의 '간지干支[17]의 술법'을 배웠고, 창힐은 '부符와 그림 모습을 한 글자[符圖之文]를 전수받았다. 이 때 모든 제후들은 치우천왕의 신하가 되어 섬기지 않는 자가 없었는데, 이는 배달국으로부터 문물을 배워 갔기 때문이다.

치우천왕의 배달군[九黎軍]이 취수하던 **치우천蚩尤泉** 뒤쪽에 치우의 언덕 요새인 치우채蚩尤寨가 보인다.

삼조당 내에 모셔진 치우천왕, 황제헌원, 염제신농의 상(사진 왼쪽부터)

중국의 정사 사기史記의 치우천왕 왜곡내용

司馬遷 史記에 曰 諸侯咸來賓從이로대
(사마천 사기에 왈 제후함래빈종)

而蚩尤가 最爲暴하야 天下莫能伐이오
(이 치우가 최위포하야 천하막능벌)

軒轅이 攝政에 蚩尤有兄弟八十一人하야
(헌원이 섭정에 치우유형제팔십일인)

並獸身人語하며 銅頭鐵額하며 食沙하며
(병수신인어하며 동두철액하며 식사)

造五丘杖과 刀戟太弩하야 爲振天下라 하고
(조오구장과 도극태노하야 위진천하)

蚩尤는 古天子之號也라 하니라.
(치우는 고천자지호야)

탁록 황제성黃帝城터에 세워진 한족 시조 황제헌원의 석상 이곳은 당시 헌원의 도읍지인 부산釜山으로, 배달국 치우천왕과 제후인 헌원이 73회의 대전쟁을 벌인 주무대였다.

중국의 정사 사기史記의 치우천왕 왜곡 내용

사마천의 『사기』에는 이렇게 기록되어 있다.

"천하의 제후들이 모두 황제헌원에게 와서 복종하였으나, 치우가 가장 강포하여 천하에서 능히 이를 정벌하지 못하였다. 헌원이 섭정할 때 치우는 형제가 81명으로, 짐승의 몸을 하고 사람 말을 하며 머리가 구리같이 단단하고 이마는 철같이 강하였다. 또 모래를 먹고, 오구장五쬬杖과 칼[刀], 가지가 있는 창[戟]과 한꺼번에 많은 화살을 쏘는 태노太弩를 만들어 천하에 그 위세를 떨쳤다." 『사기』의 주석에서 '치우는 옛 천자의 호칭[古天子之號]이다' 라고 하였다.

중국 호남성 화원현에서 열린 **치우 동상 제막식** 현재 우리나라 역사학계에서는 치우를 단지 남방 삼묘족三苗族의 족장으로만 여길 뿐이다. 그러나 『산해경』「대황북경」에는 "치우가 풍백風伯, 우사雨師에게 청청하여…"라는 구절이 등장한다. 여기서 보듯이 치우는 풍백, 우사 등의 신하를 거느린 배달국 환웅 중 한 분임이 명백하다. 복희, 치우를 조상으로 섬기고 있는 남방 삼묘족은 원래 동방족의 한 갈래이다. 묘족의 주 거주 지역인 귀주성에서 간행한 『낭대현방책郎垈縣訪册』에는 "묘인은 옛날의 삼묘족이다. 탁록 대전 이후 점차 남하했다"고 기록되어 있다. (이덕일ㆍ김병기, 『우리 역사의 수수께끼3』 31쪽 참고)

치우천왕의 서토경략

6. 神市歷代記

<ruby>倍達<rt>배 달</rt></ruby>은 <ruby>桓雄<rt>환 웅</rt></ruby>이 <ruby>定有天下之號也<rt>정 유 천 하 지 호 야</rt></ruby>라.

<ruby>其所都曰神市<rt>기 소 도 왈 신 시</rt></ruby>오 <ruby>後<rt>후</rt></ruby>에 <ruby>徙青邱國<rt>사 청 구 국</rt></ruby>이라

<ruby>傳十八世<rt>전 십 팔 세</rt></ruby>하니 <ruby>歷年一千五白六十五年<rt>역 년 일 천 오 백 육 십 오 년</rt></ruby>이라.

<ruby>一世曰桓雄天王<rt>일 세 왈 환 웅 천 왕</rt></ruby>이시니 <ruby>一云居發桓<rt>일 운 거 발 환</rt></ruby>이라

<ruby>在位<rt>재 위</rt></ruby>는 <ruby>九十四年<rt>구 십 사 년</rt></ruby>이오 <ruby>壽<rt>수</rt></ruby>는 <ruby>一百二十歲<rt>일 백 이 십 세</rt></ruby>라.

<ruby>二世曰居佛理桓雄<rt>이 세 왈 거 불 리 환 웅</rt></ruby>이시니 <ruby>在位<rt>재 위</rt></ruby>는 <ruby>八十六年<rt>팔 십 육 년</rt></ruby>이오
<ruby>壽<rt>수</rt></ruby>는 <ruby>一百二歲<rt>일 백 이 세</rt></ruby>라.

<ruby>三世曰右耶古桓雄<rt>삼 세 왈 우 야 고 환 웅</rt></ruby>이시니 <ruby>在位<rt>재 위</rt></ruby>는 <ruby>九十九年<rt>구 십 구 년</rt></ruby>이오
<ruby>壽<rt>수</rt></ruby>는 <ruby>一百三十五歲<rt>일 백 삼 십 오 세</rt></ruby>라.

<ruby>四世曰慕士羅桓雄<rt>사 세 왈 모 사 라 환 웅</rt></ruby>이시니 <ruby>在位<rt>재 위</rt></ruby>는 <ruby>一百七年<rt>일 백 칠 년</rt></ruby>이오
<ruby>壽<rt>수</rt></ruby>는 <ruby>一百二十九歲<rt>일 백 이 십 구 세</rt></ruby>라.

<ruby>五世曰太虞儀桓雄<rt>오 세 왈 태 우 의 환 웅</rt></ruby>이시니 <ruby>在位<rt>재 위</rt></ruby>는 <ruby>九十三年<rt>구 십 삼 년</rt></ruby>이오
<ruby>壽<rt>수</rt></ruby>는 <ruby>一百一十五歲<rt>일 백 일 십 오 세</rt></ruby>라

<ruby>六世曰多儀發桓雄<rt>육 세 왈 다 의 발 환 웅</rt></ruby>이시니 <ruby>在位<rt>재 위</rt></ruby>는 <ruby>九十八年<rt>구 십 팔 년</rt></ruby>이오
<ruby>壽<rt>수</rt></ruby>는 <ruby>一百十歲<rt>일 백 십 세</rt></ruby>라.

<ruby>七世曰居連桓雄<rt>칠 세 왈 거 련 환 웅</rt></ruby>이시니 <ruby>在位<rt>재 위</rt></ruby>는 <ruby>八十一年<rt>팔 십 일 년</rt></ruby>이오
<ruby>壽<rt>수</rt></ruby>는 <ruby>一百四十歲<rt>일 백 사 십 세</rt></ruby>라.

6. 신시역대기

배달倍達은 환웅*께서 천하를 안정시키고 정하신 나라이름이다. 수도는 신시神市요, 후에 청구국靑邱國으로 천도하였다. 전 18세를 전하고 1,565년을 누렸다.

1世는 환웅천왕桓雄天王이시니, 일명 거발환居發桓이라. 재위 94년(BCE 3897~3804)이요 천수 120세라.

2世는 거불리居佛理환웅이시니 재위 86년(BCE 3804~3718)이요 천수 102세라.

3世는 우야고右耶古환웅이시니 재위 99년(BCE 3718~3619)이요 천수 135세라.

4世는 모사라慕士羅환웅이시니 재위 107년(BCE 3619~3512)이요 천수 129세라.

5世는 태우의太虞儀환웅이시니 재위 93년(BCE 3512~3419)이요 천수 115세라.

6世는 다의발多儀發환웅이시니 재위 98년(BCE 3419~3321)이요 천수 110세라.

7世는 거련居連환웅이시니 재위 81년(BCE 3321~3240)이요 천수 140세라.

* 환웅 : 배달국을 세우신 초대 환웅천왕. 우리 민족을 '배달민족'이라 부르는 것은 바로 여기에서 연유한다. 초대 환웅천왕의 탄신일은 4월 13일이요, 천왕의 성후 탄신일은 2월 10일이다. (『신교총화』 8쪽)

팔 세 왈 안 부 련 환 웅　　　재 위　　칠 십 삼 년
八世曰安夫連桓雄이시니 在位는 七十三年이오

수　구 십 사 세
壽는 九十四歲라.

구 세 왈 양 운 환 웅　　　재 위　　구 십 육 년
九世曰養雲桓雄이시니 在位는 九十六年이오

수　　일 백 삼 십 구 세
壽는 一百三十九歲라.

십 세 왈 갈 고 환 웅　　　일 운 갈 태 천 왕　　　우 왈 독 로 한
十世曰葛古桓雄이시니 一云葛台天王이오 又曰瀆盧韓이라

재 위　　일 백 년　　수　　일 백 이 십 오 세
在位는 一百年이오 壽는 一百二十五歲라.

십 일 세 왈 거 야 발 환 웅　　　재 위　　구 십 이 년
十一世曰居耶發桓雄이시니 在位는 九十二年이오

수　　일 백 사 십 구 세
壽는 一百四十九歲라.

십 이 세 왈 주 무 신 환 웅　　　재 위　　일 백 오 년
十二世曰州武愼桓雄이시니 在位는 一百五年이오

수　　일 백 이 십 삼 세
壽는 一百二十三歲라.

십 삼 세 왈 사 와 라 환 웅　　　재 위　　육 십 칠 년
十三世曰斯瓦羅桓雄이시니 在位는 六十七年이오

수　　일 백 세
壽는 一百歲라.

십 사 세 왈 자 오 지 환 웅　　　세 칭 치 우 천 왕
十四世曰慈烏支桓雄이시니 世稱蚩尤天王이오

사 도 청 구 국
徙都靑邱國이라.

재 위　　일 백 구 년　　수　　일 백 오 십 일 세
在位는 一百九年이오 壽는 一百五十一歲라.

십 오 세 왈　치 액 특 환 웅　　　재 위　　팔 십 구 년
十五世曰 蚩額特桓雄이시니 在位는 八十九年이오

수　　일 백 일 십 팔 세
壽는 一百一十八歲라.

십 육 세 왈 축 다 리 환 웅　　　재 위　　오 십 육 년
十六世曰祝多利桓雄이시니 在位는 五十六年이오

수　구 십 구 세
壽는 九十九歲라.

8世는 안부련安夫連환웅이시니 재위 73년(BCE 3240~3167)이요 천수 94세라.

9世는 양운養雲환웅이시니 재위 96년(BCE 3167~3071)이요 천수 139세라.

10世는 갈고葛古환웅이시니, 일명 갈태천왕葛台天王, 또는 독로한瀆盧韓이시니 재위 100년(BCE 3071~2971)이요 천수 125세라.

11世는 거야발居耶發환웅이시니 재위 92년(BCE 2971~2879)이요 천수 149세라.

12世는 주무신州武愼환웅이시니 재위 105년(BCE 2879~2774)이요 천수 123세라.

13世는 사와라斯瓦羅환웅이시니 재위 67년(BCE 2774~2707)이요 천수 100세라.

14世는 자오지慈烏支환웅이시니, 세칭 치우천왕蚩尤天王이요, 도읍을 청구국靑邱國으로 옮기셨다. 재위 109년(BCE 2707~2598)이요 천수 151세라.

15世는 치액특蚩額特환웅이시니 재위 89년(BCE 2598~2509)이요 천수 118세라.

16世는 축다리祝多利환웅이시니 재위 56년(BCE 2509~2453)이요 천수 99세라.

십 칠 세 왈 혁 다 세 환 웅　　　재 위　　칠 십 이 년
十七世曰赫多世桓雄이시니 在位는 七十二年이오

수　구 십 칠 세
壽는 九十七歲라.

십 팔 세 왈 거 불 단 환 웅　　　혹 운 단 웅
十八世曰居弗檀桓雄이시니 或云檀雄이라

재 위　사 십 팔 년　　수　팔 십 이 세
在位는 四十八年이오 壽는 八十二歲라.

심양시瀋陽市 **신락유지**新樂遺址 발굴된 집터와 출토된 유물에 맞춰 당시 생활 모습을 복원해 놓았다.

17世는 혁다세赫多世환웅이시니 재위 72년(BCE 2453~2381)이
요 천수 97세라.

18世는 거불단居佛檀환웅이시니 혹은 단웅檀雄이라. 재위 48년
(BCE 2381~2333)이요 천수 82세라.

심양시 신락유적지에서 출토된 청동기시대의 토기 시루(도
언陶甗) 신락유지박물관新樂遺址博物館

하편 미주

1) 파내류산波奈留山

『태백일사』「환국본기」에는 『조대기』를 인용하여 파내류산을 천산이라 기록하였으며, 『산해경』「서산경」에는 돈황(감숙성 소재) 삼위산三危山에서 서쪽으로 190리에 귀산䣵山이 있고 다시 서쪽으로 350리에 천산이 있다고 했다. 지금의 우루무치 동북쪽에 위치한 천산을 말하며, 그곳에 천지天池라는 못이 있다.

2) 환인씨의 나라

일제 식민사학자 이마니시류今西龍는 『삼국유사』에 기록된 '석유환국昔有桓國'의 내용을 '석유환인昔有桓因'으로 변조·개작하여 한민족 뿌리 역사를 신화로 말살해 버리는 마수를 뻗쳤는데, 불행하게도 이것이 지금까지도 통용되고 있다. 그러나 『삼국유사』정덕본正德本(현 서울대도서관 소장)에는 분명히 '석유환국'으로 기록되어 있어, 환국이 역사상 실존 국가였음을 명백히 밝혀 주고 있다.

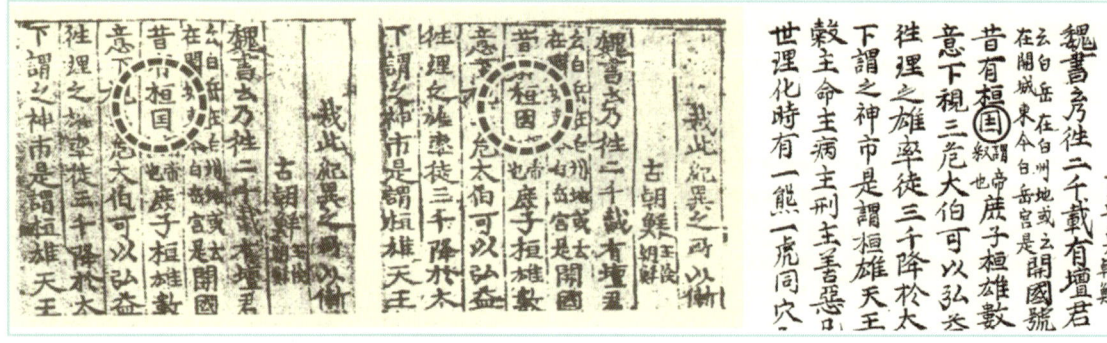

왼쪽 『삼국유사』는 조선 중종 때 간행한 임신본(壬申本, 명나라 황제의 연호인 정덕正德을 따 정덕본이라고도 함), 중앙은 이마니시류가 변조하여 세간에 퍼트린 경도제대 영인본, 오른쪽은 석남 송석하 소장 『삼국유사』 필사본이다. 학계에서는 석남 송석하 소장 필사본을 임신본 이전의 고판본으로 추정하고 있다. 일부 학자들(이도학, 김상현 등)은 오른쪽 고판본에 표기된 '囯' 자(지금의 옥편에는 없는 한자)를 근거로 원래 '桓國(桓囯)'이 아니라 기존의 통설대로 桓因이었다고 주장하고 있다. 그러나 임신본 목판본을 인쇄할 당대까지 '囯' 자는 '國' 자로 통용되고 있었기 때문에 간행과정에서 '囯' 자로 판각했음이 분명하며, '囚' 자가 아니라는 사실이 뚜렷이 입증된다(사진 출처: 성삼제, 『고조선 사라진 역사』, 동아일보사).

3) 천해天海

천해는 북해北海, 또는 천하天河라고 하며 지금의 바이칼호를 말한다. 이 바이칼호는 세계 최대의 담수호로 수심이 1,940m에 이르며 수온 또한 가장 낮은 한대호이다. 천하天河라는 이름 그대로 하늘의 운행 도수를 따라 '366개'의 강줄기가 이 호수로 끊임없이 물을 쏟아 넣는다.

일찍이 퉁구스의 원주민들은 더 없이 넓고 맑은 호수와 험준한 산악을 신성하게 여겼다. 이곳에 살고 있는 브리야트 족의 무당이 굿을 벌이는 풍습이나, 한국의 성황당에서 볼 수 있듯이 나무에 천 조각을 매달아 놓은 모습은 우리와 너무도 많이 닮아 있다. 그 뿐만 아니라 언어에 있어서도 음운의 유사한 공통점이 많이 발견된다.

4) 수밀이국須密爾國

수밀이국이라는 이름은 인류 문화의 기원과 뿌리를 밝힐 수 있는 많은 단서와 근거를 제공하고 있다.

최근 120여 년 동안의 대대적인 고고학적 발굴 결과 중동의 메소포타미아 지역에는 5,500년 전에 현 서양문화의 뿌리인 '수메르문명'이 실존했음이 밝혀졌다. 기독교문화의 뿌리인 유대족의 '헤브라이즘'과 그리스의 '헬레니즘'을 모태로 하여 일어난 서양문명의 뿌리가 되는 수메르문명은 약 6천 년 전, 동방 수밀이국에서 건너간 수메르족이 건설한 것으로 추정된다.

수메르의 스승상 라가시시에서 나온 수메르의 선생 겸 서기의 점토 모형은 학교 선생들이 지녔던 위엄과 예절을 보여준다. 수메르인들은 학교선생을 '아버지(School Father)'라고 불렀고, 선생은 제자를 '아들(Son of School)'이라고 했다. 이것은 동방 신교의 삼신문화에 뿌리를 둔 군사부일체 사상의 표출로서 수메르인들이 동방족 특유의 도덕주의를 바탕으로 살았음을 알 수 있다.(『원시에서 현대까지 인류생활사』, 리더스 다이제스트)

한국어	수메르어
아버지	아빠
칼	카르
한	안
엄마	엄마
밝음	바르
우리(겨레)	우르
달	달
사람	사람
나락(볍씨)	나락(곡식의 신)
단군 (몽골어로는 텡크리)	딩기르
아우	아우
북	북
어디서	…쉐
어디로	…어라어디
부터	…타

정연종, 『한글은 단군이 만들었다』, 230쪽.
〈한글, 그 비밀의 문〉, 히스토리 채널, 2003년 10월 9일 방영.

영국의 고고학자 크래머는 "수메르는 동방에서 왔다"고 주장하고 있다.

수메르 창세 신화에 따르면, 이들의 선조는 검은 머리의 인종으로 묘사되어 있으며 머리 뒷부분이 평평한 특징을 갖고 있다.

메소포타미아 문명의 주인공인 수메르 족의 문화를 살펴보면, 우리와 너무도 많은 유사성을 갖고 있음을 발견하게 된다. 먼저 언어에서 보면, 아버지를 수메르어로는 'ABBA', 한은 'AN', 밝음을 'BAR', 달은 'DAL', 칼을 'KAR', 엄마를 'UMMA'라고 부른다. 그리고 수메르어는 우리말과 같은 교착어에 해당하는데 조사나 어미의 형태에서도 놀라울 만큼 많은 유사점이 발견되고 있다.

또 풍속에 있어서도 많은 공통점이 보인다. 수메르 유물 중에는 샅바를 잡고 씨름하는 모습의 향로가 있는데 고구려 각저총角抵塚 고분 벽화에도 같은 자세의 씨름도가 그려져 있다(유왕기, 『7만년 하늘민족의 역사』, 207쪽). 또 수메르 족도 우리 선조들과 같이 60진법과 태음력을 사용하였다.

5) 12개국

『진서晉書』「사이전四夷傳」〈비리 등 10국조〉에 보면, 이 12국 가운데 비리국, 양운국, 구막한국, 일군국의 이름이 보인다. 우루국은 『당서唐書』「북적전北狄傳」에 기록이 보이며, 구다천국과 매구여국은 『삼국사기』에 구다국句茶國과 매구곡賣溝谷이란 이름으로 남아 있다.

6) 삼위산三危山

삼위산은 중국 한漢족의 시조인 반고가한이 환국에서 내려온 곳으로 『산해경』에 의하면 중국의 감숙성甘肅省 돈황현敦煌縣에 있으며 삼묘 족의 근거지였다. 『삼국유사』「고조선」에도 삼위태백이 나오는데 반도사관의 병독에 걸린 국내 역사가들은 삼위산이 어디 붙은 산인지 관심도 없다. 심지어 삼위산이 태백산이라는 몰상식한 발언도 서슴지 않는다.

삼위산 서쪽에는 그 유명한 돈황석굴이 자리잡고 있다. 그 중에서도 우리의 관심을 끄는 가장 크고 중요한 석굴은 천불동千佛洞이라고도 불리는 막고굴莫高窟이다. 막고굴 천정에는 고구려의 기마수렵도와 절풍折風의 머리 장식과 고구려식 의상 등 고구려풍의 벽화가 있으며, 특히 풍백, 우사, 운사로 해석되는 그림이 그려져 있다.

우리나라에도 '한국돈황학회'가 설립(1987. 12)되어 돈황학에 대한 연구 열기가 고조되고 있다.

그런데 이 천불동 벽화에 대해 일본에서는 애써 고구려를 외면하고 북위(北魏, 386~534)의 작품으로 단정했다. 한술 더 떠 우리 학계에서는 이 작품을 서역 계통으로 보고 고구려 벽화가 이것의 영향을 받은 것이라며 억지 주장을 펴고 있다.

『위서魏書』「태조기太祖紀」 천흥天興 원년(398) 기록에 "高麗雜夷三十六萬, 百工伎工十餘萬口, 以充京師"라 하여 당시 북위의 수도이며 북중국의 중심지였던 산서성 대동大同 지역에 고구려인 36만이 거주하였고, 특히 기예공 10여만 명이 문화 활동을 한 것으로 나타나 있다.

1976년 평남 강서군 덕흥리에서 발굴된 '덕흥리고분'을 통해서도 고고학적으로 명백히 밝혀 주고 있는 바와 같이 고구려 광개토열제(391~413) 때 이미 중국 북경을 비롯한 하북성 북부, 산서성 일대까지 장악하였다. 또한 북위는 외척인 고씨(高氏, 고구려 왕실의 성), 즉 고구려의 영향을 많이 받은 나라였다.

최민홍의 『한철학』을 보면 광개토열제, 장수열제 시절의 고승 승랑은 북중국에 들어가 그곳의 불교에 지대한 영향을 끼쳤으며, 돈황석굴로 들어가 공부를 마쳤다고 하였다.

이로 볼 때 당시의 북조北朝문화에 끼친 고구려의 영향이 얼마나 컸는가를 짐작할 수 있으며, 또한 감숙성 돈황석굴의 조성에도 고구려의 문화 요소가 상당히 가미되었을 것으로 추측한다(당시 고구려가 북중국에 끼친 영향에 대해서는 앞으로 이어질 『태백일사』「고구려본기」 각주에서 상세히 다룬다).

7) 서자庶子

서자庶子는 크게 세 가지 뜻이 있다. 첫째, 여러 아들, 즉 뭇 자식이라는 의미로 백성이란 뜻이다(『커발한문화사상사』1권). 둘째, 「신시본기」에는 '서자부庶子之部' 라고 하여 부락 또는 부족 이름이라 밝혀 주고 있다. 셋째, 중국의 『사원辭源』은 '태자의 스승, 기타 높은 벼슬의 명칭' 으로도 말하고 있다(『한국상고사입문』34쪽). 그런데 후세인들이 이것을 '첩의 자식' 이라고 엉뚱하게 해석하여 왔다.

단단학회 3대 회장 이덕수는 독립운동 시절에 만주 우수리강 근방의 4개 촌락을 직접 답사하고, 그 가운데 '부라고 슬로벤노예(서자들의 마을)' 를 '서자부' 라 주장하기도 하였으나 이에 대한 연구와 검토가 더 있어야 할 것이다.

8) 반고가한

반고가한은 중국에서조차 고대신화에 등장하는 우주 창조신으로 받들어 왔으나 여기서는 약 5,900년 전 환웅의 동방 개척기에 실존한 인물임을 밝혀 주고 있다. 중국인들은 자신들의 뿌리를 알 수 있는 사료가 전혀 없어 전설상의 인물로만 알아온 것이다.

9) 일웅一熊 일호一虎

일웅 일호는 곰과 호랑이를 가리키는 것이 아니라 곰과 호랑이를 토템으로 하는 부족을 말하는 것이다. 당시 시베리아와 만주 등지에는 성수聖獸 신앙이 널리 퍼져 있어 숭배하는 동물의 이름으로 족호를 정했다.

환웅천왕이 신시에 도읍을 정했을 때 백두산과 송화강~흑룡강 하류 지방에는 혈거 · 어렵을 생활양식으로 하는 웅 · 호족의 원주민이 살고 있었다(문정창, 『한국고대사』上권, 54쪽). 특히 곰을 토템으로 하는 종족은 만주, 시베리아, 북아메리카에 널리 분포해 있었다.

의약과 농경의 시조인 염제신농씨의 부친 소전少典씨도 신시 배달의 웅

흑룡강성 동강시 삼강구 흑룡강과 송화강이 만나 동강을 이루는 곳. 검은색의 흑룡강 물과 황토색의 송화강 물이 만나 섞이지 않고 흐르다가 우수리강과 합류하여 동해로 빠져나간다. 겨울에 현지 촬영을 한 관계로 강이 얼어붙어 그 장관을 볼 수 없다.

족 출신이며, 초대 단군성조의 성모도 웅족 왕의 딸이었다. 북부여의 시조 해모수와 유화부인이 웅심산熊心山 아래 웅심연熊心淵에서 만나는 장면에서도 곰 토템이 확인된다.

웅심산의 웅심, 곧 곰 토템사상의 근원은 삼신문화다. 곰에서 나온 '곰', '고마'가 쓰인 일상어 중의 하나가 '고맙습니다'이다. 하늘, 땅, 인간은 삼신으로부터 왔기에 인간으로 태어난 것에 대해 삼신님에게 감사를 올리는 것이 바로 '고맙습니다'라는 말이다.

고구려 각저총 고분 벽화에는 곰과 호랑이가 신단수로 보이는 나무 좌우에서 서로 등을 돌리고 있고 나무 위에는 천손족을 상징하는 신조神鳥(우리나라와 시베리아, 알타이 지역에 남아 있는 솟대는 바로 이 신조를 상징)가 앉아 있다. 장천 고분 1호분 벽화에는 신단수 아래, 곰이 계율을 지키기 위해 굴속에 앉아있고 굴 밖에는 호랑이가 화살에 맞으며 사냥꾼에게

쫓기고 있다. 이처럼 고구려 고분 벽화에서도 곰 토템을 확인할 수 있다.

　신시 배달의 건국사는 설화의 형태를 통해서도 단군조선, 부여를 거쳐 고구려까지 그대로 계승되고 있다. 참고로 『삼국지』「오환선비동이전」에 "예濊족은 호랑이를 신으로 섬겨 제사지낸다."고 했으니 이들이 호족虎族의 후예임을 알 수 있다.

　웅족은 환족과의 혼인을 통해 환족의 일원이 되는데 이것이 신화의 형태로 변조된 것이 일연이 지은 『삼국유사』의 단군에 관한 기록이다.

10) 마늘

　"쑥은 달여 먹어 냉冷을 치료하고, 마늘은 익혀 먹어 마魔를 물리친다"고 하였다(『태백일사』「환국본기」). 그런데 여기에서 산蒜은 마늘大蒜이 아니라 달래小蒜로 보아야 한다. 『본초강목』에 "장건이 서역에 사신으로 갔다가 처음으로 마늘의 종자를 가지고 돌아왔다. 마늘 종자는 서쪽 변방에서 가져와 한나라 때부터 비로소 있게 되었다."라고 하여 마늘이 한 무제 때(BCE 121년) 장건에 의해 서역에서 도입되었음을 밝히고 있다. 우리나라는 그 이후 중국을 통해 도입되었다.

　『본초강목』에 달래는 "주곽란主癨亂과 복중불안腹中不安하며 소곡消穀하며 이위온중理胃溫中하며 제사비독기除邪痹毒氣라" 하여 속을 편안히 하고 따뜻하게 하며, 사기邪氣, 팔다리 저림, 독기毒氣를 제거한다고 하였다.

　마늘은 문헌상으로는 약 4,500년 전 바빌로니아 왕실에서 식용으로 사용하였다는 첫 기록이 있다. 고대 이집트에서는 단순하게 식용으로만 보지 않고 육체의 힘을 솟아나게 하는 신비로움이 마늘 속에 서려 있다고 굳게 믿었다. 그리하여 피라미드를 쌓던 노동자들에게 마늘을 듬뿍 먹였다는 일화가 있다.

　고대 로마, 인도와 중세 페르시아, 그리고 중국 등에서는 갖가지 질병의 치료제로 쓰였다. 유럽인들은 콜레라가 창궐할 때면 일종의 부적으로 마늘을 항상 몸에 지니고 다녔다고 한다. 이와 같이 마늘은 고대로부터 현대에 이르기까지 여러 가지 용도로 쓰여 왔다(『리더스 다이제스트』, 1979년 1월호).

11) 환웅천왕

환웅은 제왕의 호칭으로, 전국의 이름난 명산마다 천왕봉이 있는 것은 바로 환웅천왕에서 따온 이름이다. 중국 도가서인 『역대신선통감』에는 "천왕가는 마음 닦는 법을 전했는데 홀로 장백산長白山(백두산)에서 오래 도를 닦아 공을 이루었다"고 하여 환웅천왕에 대해 간접적으로 전하고 있다.

12) 개천開天

여기서 천天의 의미는 우리가 보는 단순한 하늘이 아닌 천도天道의 정신을 말한다. 개천開天의 참뜻은 하늘의 정신, 즉 삼신의 창조 정신을 처음으로 대각하여 인간에게 도덕을 베푸는 것이다(「신시본기」 참조). 본서에 자주 보이는 이러한 신교의 도가적인 표현을 늘 주의 깊게 보아야 한다.

13) 관경管境

단군의 고조선시대 때 전 영토를 진한·마한·번한의 삼한으로 나누어 통치하였는데 이러한 고조선의 독특한 국가 통치제도를 '삼한관경제'라 한다. 이 가운데 진한은 단군이 직접 통치를 하고, 번한과 마한은 부단군을 두어 다스리게 하였다.

14) 삼신설교三神設敎

태고시대 인류 문명의 보편종교를 신교神敎라 한다. 신교는 "以三神設敎" 또는 "以神設敎"(『규원사화』), "以神施敎"(『단군세기』)에서 나온 말이다. 조선후기 역사가였던 이종휘도 그의 저서 『신사지神事志』에서 환웅천왕 시절에는 "神으로써 가르침을 베풀었다"고 밝힌 바 있다. 또한 공자가 『주역周易』 단전象傳 관괘觀卦에서 고대 중국의 성군들이 "신도로써 교화를 베풀었다[以神道設敎]"고 말한 사실은 신시 배달의 제천 문화와 신교 사상이 중국 문화에 전파·계승된 사실을 알려 주는 것이다. 여기서의 신神은 삼신三神을 말하며 우리 조상들이 환인시대로부터 근 1만 년 동안 섬겨 온 신앙의 대상이었다.

지금은 역사의 뿌리가 단절되어 삼신하면 환인·환웅·단군 국조삼신으로만 이해하거나, 자손 줄을 태워 주는 삼신할미를 지칭하는 말로 속화되기도 하였다. 물론 이것이 꼭 틀린 말은 아니지만 본래 삼신은 그런 뜻이 아니다.

삼신은 우주의 순수한 창조 정신을 말한다. 다시 말해서 '세 가지의 창조 원리(造化·敎化·治化)로 만물을 낳고 길러내고 완성하는 우주의 지극한 조화성령이란 뜻이다. 여기서 주의할 것은 삼신이 세 분의 신을 지칭하는 말이 아니라는 점이다. 우리 한민족은 예로부터 이 삼신의 주재자 되시는 천상의 인격신 하느님을 '삼신상제님' 또는 '상제님' 이라 불러왔다(『태백일사』「삼신오제본기」).

중국과 일본의 대표적인 역사서인 『사기』와 『일본서기』를 보면 '삼신三神' 이라는 용어를 곳곳에서 발견하게 되는데, 이것은 고유의 삼신사상이 한민족의 대륙과 열도 진출 경로를 따라 중국과 일본으로 전파된 사실을 입증해 주는 것이다.

15) 구리

금속의 사용은 인류문명사에서 매우 중요한 단계이다. 배달국의 중심지인 청구 지역(난하~대릉하)을 중심으로 일찍이 청동기 문화인 하가점 하층문화가 발전했는데, 이 지역에서 발굴된 유물 중 가장 오래된 청동기는 단군조선이 개국한 BCE 2400년 이전에 제작된 것이다(적봉시赤峰市 지주산蜘蛛山 유적). 그리고 한반도에서는 BCE 24~26세기까지 올라가는 청동기시대의 유적(고인돌)이 발굴되었다(경기도 양평군 양수리, 전남 영암군 장천리 고인돌, 윤내현, 『고조선연구』, 일지사, 1994, 72쪽 각주).

일제 식민사학자들은, 한국의 청동기문화는 중국 전국시대 말기에 중국의 이주민이 들여온 것으로서 한국은 신석기문화에서 청동기문화 없이 곧바로 철기문화로 넘어갔다고 주장했다. 그런데 해방 이후 곳곳에서 청동기 유적이 확인되자 학계에서는 오르도스 시베리아 계통의 것이라고 주장하기도 하고, 또는 순수한 한국의 청동기는 세형동검이 전부라고 억지 논리를 펴 왔다.

그러나 요령식 동검이라고만 여겨지던 비파형동검이 한반도 곳곳에서 발견되어 시공간적으로 우리나라 청동기 문화의 범위는 북경 지역까지 대폭 연장해야 한다는 주장이 나오고 있다.

현 사학계에서는 요령의 비파형동검 문화를 우리 한민족의 것으로 보는데 대하여 찬반이 엇갈리고 있다. 반대론자들은 그 근거로 미송리식 토기의 분포 범위가 요하 동쪽에 한정된다는 점을 든다.

그러나 토기는 지배층의 전유물이 아니다. 청동기시대, 즉 국가단계 사회에서는 다양한 토기를 사용하는 종족들이 통합되어 하나의 정치 세력을 형성하게 된다. 따라서 토기로 강역 설정의 기준을 삼는 것은 어불성설이며, 지배계급의 유물인 비파형동검의 분포 지역이 바로 당시 우리 민족의 강역을 나타내는 것이다.

그리고 비파형 청동기문화보다 더 오래된 청동기문화가 지금의 난하~요하지역에 분포하는데, 이들 하가점 하층문화를 비파형 동검문화의 전신으로 보아야 한다는 주장이 일고 있다(『고조선연구』참고). 이것이 배달국 후기 청구시대의 청동기 문화다.

철기문화의 경우 기존 학설은 연나라 위만이 들여왔다는 설, 한사군이 설치되었을 때 중국인들이 들여왔다는 설이 주류를 이루었다. 그러나 최근 만주, 요령성 지역을 발굴한 결과 최소 BCE 8세기 이전에 이미 우리 민족이 철기를 쓰고 있었다는 사실이 드러나고 있다(『고조선연구』108쪽).

그럼에도 지금도 사학계에는 세형 동검이 분포하는 한반도 지역만이 우리 민족의 강역이라고 생떼를 부리는 학자가 있다. 요령성 지역은 그 무렵에는 이미 철기문화가 시작되었기에 세형동검이 사용되지 않았던 것이다.

비파형동검 요녕성 능원凌源 삼관전자三官甸子 출토.

한족과의 빈번한 교류와 전쟁 등으로 인해 한반도보다 훨씬 더 일찍 철기 문화가 발전한 것이다. 이 지역은 삼한관경의 번조선 강역이었다(『태백일사』「삼한관경본기」참고).

16) 창힐倉頡

『역대 신선 통감』에는 창힐이 진창陳倉 사람으로 태호 복희의 신하가 되어 거북의 등과 새의 발자국을 보고 여섯 가지의 글자체[六書]를 만든 인물로 나와 있다. 그러나 『환단고기』에는 그보다 약 700년 후에 차우천왕의 제후로서 배달국 신지문자를 중원에 전파시킨 인물로 밝혀주고 있다.

그의 고향인 섬서성 백수현에 있는 「창성조적서비倉聖鳥跡書碑」에는 배달국 신지문자가 새겨져 있는데 그와 동일한 문자가 평안북도 용천군 신암리 고분에서 출토된 토기에 새겨져 있음이 확인되었다. 현재 그의 무덤은 하남성 남락현南樂懸에 보존되어 있다.

나진 초도 유적의 문자 토기

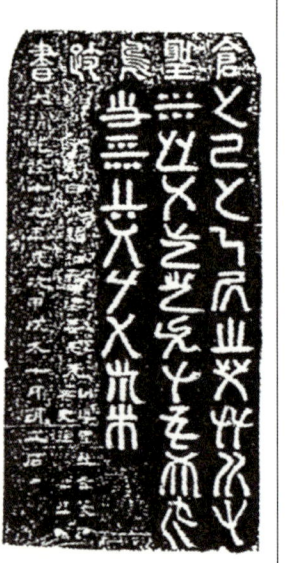

창성조적서비倉聖鳥跡書碑

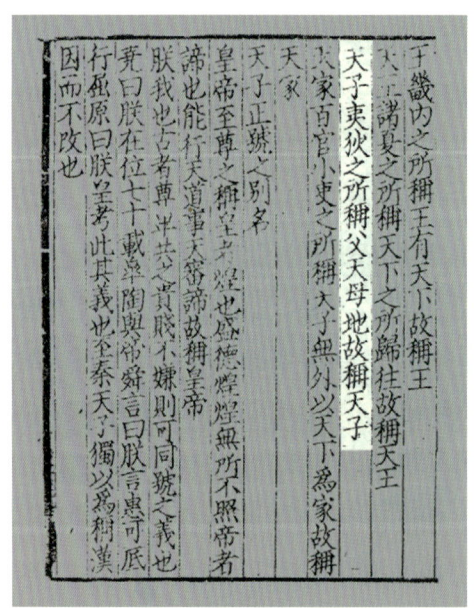

천자제도의 본고장이 동방 한국이라는 사실을 구체적으로 밝힌 채옹의 『독단』.

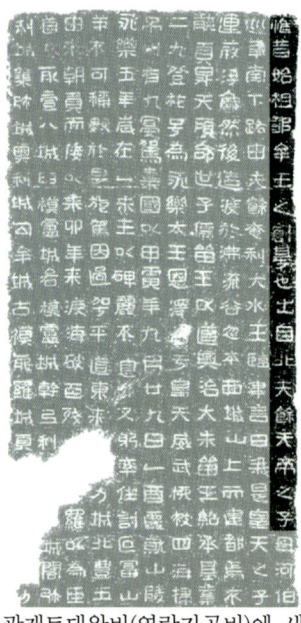

광개토대왕비(영락기공비)에 새겨진 고구려의 천자사상

17) 간지干支

간지는 하늘·땅·인간의 창조 변화 원리를 음양의 논리로 전개시킨 10 천간天干과 12지지地支를 말한다. 반고가 10간, 12지의 신장을 거느린 것으로 보아 이미 환국 시절부터 간지를 사용했음을 알 수 있다.

여기서는 음양오행의 술법을 말하며, 곧 동국東國의 기문둔갑법奇門遁甲法을 의미한다. 이제까지는 그 시원을 황제헌원으로 알았으나, 황제가 치우천왕과의 탁록 대전투에서 패했을 때 천신에게 빌어 배달국의 신선 현녀玄女가 3종[太乙, 奇門, 六壬]을 전한 것이 그 시초라 한다.

치우천왕 때 황제가 삼청궁三淸宮에 와서 국사國師인 자부紫府선사로부터 신교의 대도를 전수받은 적이 있는데, 당시 1,080제制로 분산돼 있던 것을 강태공이 72국局의 둔법으로 정리하였다. 이것을 한漢나라 때 장량張良이 다시 18국局으로 정리하였으며, 이를 집대성하여 인사人事의 대공大功을 이룬 인물이 바로 촉한의 제갈공명이다. 우리나라의 서화담, 이토정, 기정진, 남사고, 정북창 등이 또한 대가大家이다.

부 록

동방의 군신軍神, 치우천왕

1. 치우란 무슨 뜻인가

▲산동성 거야현 고퇴묘촌固堆廟村에 있는 치우상

'치우'의 뜻을 『삼성기』에서는 이렇게 설명하고 있다.

다시 몇 대를 내려와 14대 자오지환웅이 계셨다. 이 분은 신이한 용맹이 매우 뛰어나 구리와 철로 투구를 만들어 쓰고 능히 큰 안개를 일으키며, 구치九治를 제작하여 광석을 캐내 이 철을 주조하여 무기를 제작하시니 천하가 모두 외경하였다. 그리하여 세상에서는 이 분을 치우천왕이라 불렀는데, 치우란 세속에서 말하길 '천둥이 치고 큰 비가 내려 산천이 뒤바뀐다'는 뜻이다.

又數傳而有慈烏支桓雄하시니 神勇冠絕하야 以銅頭鐵額으로 能作大霧하시며 造九治而採鑛하야 鑄鐵作兵하시니 天下大畏之하야 世號爲蚩尤天王이라 하니 蚩尤는 俗言에 雷雨大作하야 山河改換之義也라.

또 『규원사화』에서는 지위智爲라는 말이 '힘 있고 용기 있는 사람'이란 뜻인데 치우라는 말에서 온 것이라고 하였다.

치우천왕의 또 다른 별칭이 '자오지환웅'이다. 박현은 "'자오지'에서 '자오'는 '땅을 넓힌다'는 뜻으로, 또 '지'는 '치'로 변하기 전의 소리로 '이끄는 사람'이란 뜻으로 해석하였다. 또한 여기서 '오'는 '삼족오三足烏'의 '오烏'로 태양을 상징하는 말이고, 'cha'나 'chi'는 '군사의'라는 의미의 고古 만주·몽골어이며, 'o'나 'u'는 '위' 또는 '키우다'의 의미가 있다. 따라서 치우는 '군의 우두머리, 군사적으로 확대된 군신軍神' 등의 의미다"라고 주장했다.[1]

주채혁은 "순록유목민을 가리키는 몽골 말이 'chaatang'이고 '순록을 가진'의 뜻인 축치 족 말이 chaochu"[2]라고 주장하는데, 그에 따르면 '차오추'가 한자음 '자오지'로 표기되었거나, 우리말(특히 고어) '지' 또는 '치'가 아버지, 아파치 등과 같이 남자에 대한 존칭어라면 '뛰어난 순록치기', '선임 순록치기'를 지칭하는 말일 수도 있다고 한다. 이런 점들은 앞으로 더욱 연구되어야 할 분야이다.

2. 강씨姜氏의 시조始祖

판천씨 치우는 강씨 성으로 염제의 후예이다. 전쟁을 잘하고 난을 일으키는 것을 좋아했다. 염제를 따라서 탁록에 살면서 봉선(천제를 지냄)을 하고 호를 염제라 하였다.
阪泉氏蚩尤는 姜姓이요 炎帝之裔也라. 好兵而喜亂하고 逐帝而居于涿鹿하야 興封禪하고 號炎帝라. (『노사路史』「치우전蚩尤傳」)

『환단고기』「신시본기」에서는 치우천왕이 강씨姜氏의 시조라고 하였다.

『통지通志』[3]「씨족략氏族略」에, '치씨蚩氏는 치우의 후손이다'고 하였고, 어떤 사람은 창힐과 고신이 다 치우의 후손으로 대극성大棘城[4]에서 태어나 산동山東, 회수淮水 북쪽에 옮겨 살았다 하니, 치우천왕의 영풍웅열英風雄烈하심이 멀리까지 전파되었음을 이를 미루어 잘 알 수 있을 것이다.

---

1) 치우학회, 『치우연구』 제2호.

2) 한국중국학회, 『中國學報』58, '古朝鮮 高句麗, 韓語名인가 漢語名인가?', 2008.

3) 『통지通志』. 남송南宋 때 정초鄭樵가 지음. 삼황三皇으로부터 수隋나라에 이르기까지의 역대를 통괄적으로 기록한 역사책(전 200권). 당나라 두우의 『통전通典』과 원元나라 마단림의 『문헌통고文獻通考』와 더불어 삼통三通이라 한다.

4) 대극성은 요령성 대릉하 중류의 조양朝陽 부근에 위치함.

▲하북성 장가구시 탁록현 중
화삼조당中華三祖堂 동방 한
민족의 시원역사를 통째로 빼
앗으려는 동북공정의 일환으
로 지은 대표적인 건물로, 그
동안 다른 족속으로 여기던 치
우를 황제 헌원, 염제 신농과
함께 중화민족의 3대 시조라
하여 모시고 있다.

通志氏族略에 蚩氏는 蚩尤之後라 하고 或曰蒼頡이 與高辛으로
亦蓋蚩尤氏之苗裔로 生大棘城하야 而轉徙於山東淮北者也라 하니
蓋蚩尤天王之英風雄烈이 播傳遠域之深을 推此可知也니라. (『환단고
기桓檀古記』「신시본기神市本紀」)

옛날에 여상呂尙(강태공) 또한 치우의 후손이었다. 고로 성이
강씨姜氏이니, 치우가 강수姜水에 살면서 낳은 아들이 모두 강
씨가 되었다.

昔呂尙이 亦蚩尤氏之後라 故로 亦姓姜이니 盖蚩尤가 居姜水而
有子者는 皆爲姜氏也라. (『桓檀古記』「神市本紀」)

▲호북성 수주시 신농고리神農故里에 있는 인류 성씨의 시조 염제신농 석상

▲수주시 여산진에 있는, 신농씨가 태어났다고 하는 신농동神農洞(왼쪽 넝쿨아래)과 신농사당

3. 구려九黎의 천자天子

중국의 많은 기록은 치우가 동이東夷인 구려九黎의 천자天子라 하고 있다.

구려국의 임금을 치우라 한다.
九黎之君을 號曰蚩尤니라. (『상서전尙書傳』)

응소는 '치우는 옛날 천자의 호칭이다' 라고 하였다.
應劭曰 蚩尤는 古天子之號라. (『사기집해史記集解』)

공안국은 '구려의 임금 호칭을 치우라고 한다' 고 하였다.
孔安國曰 九黎君號가 蚩尤라. (『사기색은史記索隱』)

'구려九黎' 의 '려黎' 의 다른 소릿값으로 '리' 또는 '이' 가 있다. 따라서 '구려句麗' 는 '구리' 또는 '구이九夷' 가 된다. '구이九夷' 는 곧 '구려九黎' 이고 치우천왕에 의해 다스려 진 구려는 배달倍達의 다른 이름이다.

4. 청동기 문화를 개창

『사기』의 주석으로 유명한 당나라 때의 역사학자 사마정司馬貞은 『사기색은史記索隱』에 서 이렇게 말하고 있다.

관자에 '치우가 노산의 금을 얻어 다섯 가지 병기를 만들었다' 고 하였다.
管子曰 蚩尤受盧山之金하야 而作五兵이라. (『史記索隱』「五帝本紀」)

당나라 때의 또다른 『사기』의 권위자 장수절張守節은 『사기정의史記正義』에서 「용어하도 龍魚河圖」를 인용하여 이렇게 말했다.

황제가 섭정을 할 때, 치우는 형제가 81명이 있었는데 짐승의 몸에 사람 말을 하였고 구리머리에 쇠이마를 하였으며 모래와 돌을 먹었다. 칼·창·큰활 등의 병장기를 만들어 천하에 위세를 떨쳤다.

黃帝攝政에 有蚩尤兄弟八十一人하야 幷獸身人語하며 銅頭鐵額하며 食沙石子하며 造立兵杖과 刀戟大弩하야 威振天下하니라. (『사기정의史記正義』「오제본기五帝本紀」)

이 외에도 '치우가 금속으로 병기를 만들었다'는 수많은 사서의 기록들이 금속무기의 원조가 치우임을 밝히고 있다. 실제로 치우시기(BCE 2707~2598년)에 해당하는 BCE 27세기경에 동아시아 지역은 이미 청동이 사용되고 있었음이 유물을 통해 밝혀졌다. 요서지방과 내몽고 일대에서도 하가점하층문화夏家店下層文化라고 불리는 청동기문화가 BCE 24세기부터 존재했다. 신석기시대 홍산문화紅山文化의 후기 유적인 요령성 건평현 홍산 우하량牛河梁 유적에서도 BCE 3천년 경에 이미 청동기를 제작하였다는 새로운 사실들이 밝혀지고 있다.

5. 무신武神의 원조, 병법兵法의 비조鼻祖

치우천왕은 황제 헌원을 굴복시키고 서방 한족에게 동방의 신교와 천자문화를 전해준 대제왕으로서 병법의 비조이다.

유방이 풍패에서 군사를 일으킬 때 치우씨에게 제사를 모셨다.
劉邦이 起兵於豊沛할새 則祀蚩尤氏하니라. (『포박자抱朴子』)

병주兵主 치우씨에게 제사를 지내니, 치우씨는 만대에 걸쳐 굳세고 용감한 군사軍事의 조상이 되었다.
兵主는 祀蚩尤니 蚩尤氏는 爲萬代强勇之祖라. (『규원사화揆園史話』「단군기檀君記」)

천주天主 삼신三神에게 제사를 지내고 병주兵主 치우천왕에게 제사지내니, 삼신은 천지만물의 조상이시며 치우는 만고에 없는 '무신용강武神勇强의 비조鼻祖'가 되신다.
天主는 祠三神하고 兵主는 祠蚩尤하니 三神은 爲天地萬物之祖也오 蚩尤는 爲萬古武神勇强之祖라. (『桓檀古記』「神市本紀」)

팔신은 천주天主, 지주地主, 병주兵主, 양주陽主, 음주陰主, 월주月主, 일주日主, 사시주四時主를 말한다. 천주는 천지만물의 조상인 삼신 상제님을, 병주는 병가의 원시조인 치우천왕을 뜻한다.(『사기』「봉선서」) 주周나라 혁명의 일등 공신이며 병법의 중시조인 동이족의 재상 강태공姜太公도 제나라에 왕으로 분봉된 뒤 팔신께 제사를 올리면서 치우천왕을 병주兵主로 모셨다. 이후 진秦·한漢대에 이르기까지 동이족과 한족은 10월에 치우천왕의 능陵에서 제사를 지냈는데 그 때마다 붉은 기운이 뻗쳐올랐으며, 그 붉은 기운을 치우기蚩尤旗라 불렀다.[5]

조선시대에는 '둑제纛祭'를 지냈는데, 고대로부터 전쟁의 승리를 기원하기 위해 군신軍神 치우를 상징하는 깃발에 제사를 올리는 의식이다. 치우의 머리를 형상화한 둑기纛旗는 소의 꼬리나 검은 비단으로 만들어 '대조기大皁旗'라고 불렀다. 조선은 둑제를 국가제사인 소사小祀의 하나로 정비하고 전국에 둑소纛所를 마련하여 매년 정기적으로 제사를 지냈다.

둑제는 서울과 각 지방의 병영·수영에서 각각 시행하였다. 이순신 장군은 『난중일기』에 전쟁 중 둑제를 세 차례 거행하였다고 기록했다.

癸巳(1593)年 2月 初4日 : 경칩날이라 둑제를 지냈다.

甲午(1594)年 9月 初8日 : 장흥부사로 헌관獻官을 삼고, 흥양현감으로 전사典祀를 삼아 초아흐레 둑제를 지내기 위해 입재入齋시켰다.

乙未(1595)年 9月 20日 : 새벽 두 시에 둑제를 지냈다.

▲『삼신민고三神民考』에 실린 둑신기纛神旗

서울의 뚝섬에는 원래 둑제를 지내던 둑신사纛神祠가 있었는데, '뚝섬'이라는 이름은 이 둑신사에서 비롯된 것이다. 둑신사에는 높이 6자, 폭 36자의 벽화가 있었는데, 치우와 헌원과의 싸움인 탁록전을 그린 그림으로 일제말기까지 있었으나 분실되었다고 한다.

---

5) 배인. 『사기집해史記集解』

6. 남방 삼묘족三苗族의 조상

묘족에 대하여, 중국에서는 치우蚩尤가 탁록대전涿鹿大戰에서 황제黃帝에게 패한 후 묘족 대부분이 남쪽 장강長江과 회수淮水유역으로 이동하여 삼묘三苗를 형성했고, 후에 다시 요·순·우堯舜禹 등에 의해 쫓겨난 것으로 되어 있다.

그러나 『산해경山海經』 등의 기록은 이와 다르다. 당시 양자강 이남의 동정호洞庭湖와 팽려호彭蠡湖 일대에는 구려九黎의 후예인 '유묘有苗' 혹은 '삼묘三苗'라고 불리는 부족이 있었는데 단주(요임금의 아들)와 사이가 매우 가까웠다. 마침 요임금이 순에게 제위를 넘겨준다는 소식을 듣고 이에 승복하지 않고 있던 삼묘의 족장은 단주가 오자 곧바로 세력을 연합하여 요에게 반기를 들었다. 그러나 요의 군대는 단주와 삼묘의 연합군을 궤멸시켰고, 이 싸움에서 삼묘의 족장이 피살당하고 단주도 전사하였다. 이것이 묘족이 남쪽으로 옮겨가게 된 배경이라고 했다.[6]

국내 역사학계에서는 치우를 그저 남방 삼묘족의 족장으로만 보고 있다. 다시 말해서 구려의 군장이 치우이며, 묘족은 곧 복희와 치우를 조상으로 섬겨온 동방족이었다는 사실을 모르는 것이다.

▲하북성 장가구시 탁록 협곡

6) 이재석. 『인류원한의 뿌리 단주』. 상생출판. 2008

▲하북성 장가구시 탁록현에 있는 황제성터

▲하북성 장가구시 탁록현 치우북채

▲하북성 장가구시 탁록현 용왕당촌 치우채(비석)

▲안압지출토 신라 녹유귀면와綠釉鬼面瓦 도깨비
는 치우를 형상화한 것으로 알려져 있다.

▲하북성 장가구시 회대현 팔괘진 동치우분東蚩尤墳

▲하북성 장가구시 탁록현 보대진 서치우분西蚩尤墳

▲하북성 탁록현 반산진 탑사촌 남치우분南蚩尤墳

▲산동성 제령시 문상현에 있는 치우총

▲호남성 오지산의 여묘풍정촌黎苗風情村에 있는 치우 산채

▲묘족 민속공연단이 치우천왕에게 제사지내는 모습을 공연하고 있다. (호남성 길수시 덕항묘채)

7. 씨름문화의 원조

치우는 씨름문화의 원조다. 씨름을 중국에서 각저희角抵戲 또는 치우희蚩尤戲라고 하고, 씨름 장면이 나오는 고구려 무덤을 각저총角抵塚이라고도 하는 데서 치우와의 관련성을 엿볼 수 있다.

중국의 씨름은 뿔이 달린 투구를 쓰고 겨룬다고 한다. 우리나라 씨름에서는 샅바를 걸고 서로 겨루기를 하며, 쇠뿔 투구는 쓰지 않으나 대신 상으로 뿔이 달린 황소를 주는 것에서 치우문화와의 연결고리를 찾을 수 있다.

국내에는 소머리와 관련된 지명이 여러 곳에서 발견되는데, 춘천의 옛 지명인 우수주牛首州를 비롯하여 춘천시 우두동, 전남 여수시 돌산읍의 우두리, 전남 완도군 약산면 우두리, 충남 당진군 당진읍 우두리, 경남 진주시 명석면 우수리 등이 있다.

▲수메르의 씨름하는 청동상 동방 한민족의 씨름과 동일한 것으로 보아 시원문화의 동질성을 느낄 수 있다.

그리고 산 이름으로서도 춘천의 우두산, 경남 거창군 가조면·가북면의 우두산牛頭山[별유산], 경기도 양평군 지제면과 여주군 대신면·북내면에 걸쳐 있는 우두산, 강원도 원주시 우산동의 우두산 등이 있다. 중국에도 당나라 전기소설인 『사소아전謝小娥傳』에 우두산이 나오고, 지명으로는 단군 때 기우제祈雨祭를 지낸 비명碑銘이 있다는 중국의 우수주牛首州 등이 있다.

▲고구려 각저총 벽화의 씨름도

▲『중국무도사』에 나오는 치우희

8. 동방문화의 전파

서구 신화학에서는 제우스와 북구의 티우 신神 간의 연관성을 전혀 언급하지 못했는데, 근래 들어 동방문화와의 연관성 속에서 그리스의 제우스 신관을 달리 해석하기 시작하고 있다.

『블랙 아테나』의 저자 버낼은 19세기 유럽학자들이 고대 그리스인의 인종적 기원을 셈족과 동양인의 혼혈로 보고, 그 원주민을 동양인이라고 한 것에 놀라움을 표했다.

그리스의 신화체계는 이집트와 오리엔트의 영향 아래에 있었다. 올림포스 최고신 '제우스Zeus'는 하늘·낮·빛을 의미하는 인도-게르만어의 '디에우스Dyeus'에서 유래하였고, 로마신화의 '주피터Jupiter'와 동일시되었다. 북유럽에서는 '찌우Ziu/티우tiw'라 하고, 독일과 노르딕 신화에서는 '티르tur', '찌우Ziu', '티우Tiw', '티와쯔Tiwaz'로 나타난다.

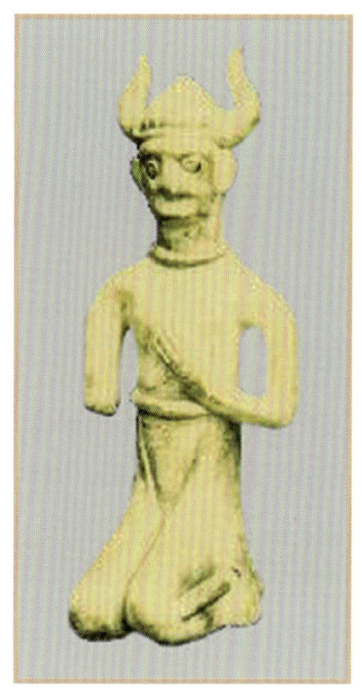

▲찌우Ziu(티우Tiw)신 북유럽의 신화에서 전쟁신이자 가장 높은 천신天神으로 나타난다.

노르딕의 신 '찌우Ziu'는 신화 사전에서 '전쟁의 신(God of war)이며 불의 신(God of Fire)'이라고 설명하고 있다. 가장 높은 천신天神을 독일 고대방언으로는 '찌우'라 하고, 북유럽의 켈트신화에서는 전쟁신을 '티우/Tiw(치우)'라고 했다.

일부에서는 지중해의 '제우스'와 북유럽의 '티우 신'이 치우와 밀접한 연관이 있을 것으로 보는 견해도 있다. 마치 훈족의 강력한 압박으로 게르만 족이 대이동함으로써 서로마제국이 붕괴되었으며 징기즈칸에 의해 서양의 중세문화가 붕괴되고 근세 자본주의문화가 태동되었다고 하듯이, 지금으로부터 약 4,700년 전, 동방문화사에서 가장 강력한 제왕이자 병법의 시조인 치우천왕의 서방 경략經略이 저 멀리 중동을 넘어 유럽에까지도 영향을 주었을 가능성을 제기하고 있는 것이다.[7]

---

7) http://www.pluskorea.net/ 「그리스의 '제우스'는 동이 '치우'가 건너간 것」

홍산문화의 비밀, 그 수수께끼가 드러나다!

세계문명의 기원을 4대 문명에서 찾는 것은 지금도 상식으로 통용되고 있다. 4대 문명은 황하 유역의 황하문명, 인더스강의 인더스문명, 티그리스·유프라테스강의 메소포타미아문명, 나일강의 이집트문명을 말하는 것으로 큰 강을 끼고 대규모 치수·관개사업을 통해 형성된 것이다.

그런데 20세기의 가장 충격적인 고고학적 발견 중의 하나로 꼽히는 '홍산문화' 유적은 세계문명의 발상지에 대한 전면적인 검토와 새로운 연구를 불러일으키고 있다. 내몽고 지역과 중국 요서지역에서 발굴되고 있는 이 문화의 정체는 무엇이며 그 주인공들은 과연 누구였을까?

1. 왜 홍산문화라 부르나

홍산紅山은 내몽고자치구 적봉시의 동북방에 인접한 산의 이름이다. 몽골인들이 '붉은 산' 이라는 의미로 '우란하다[烏蘭哈達]' 라고 부르던 것을 중국이 이 지역을 중국 영토에 편입하면서 '홍산' 이라고 이름 붙였는데, 이름 그대로 산 자체가 적철광으로 뒤덮혀 온통 붉은 색이다.

좁은 의미의 '홍산문화' 는 BCE 3500년까지 올라가는 신석기문화로, 내몽고와 요녕성의 접경지역인 적봉赤峰, 조양朝陽, 능원陵源, 객좌喀左, 건평建平 등을 중심으로 분포된 유적지를 일컫고, 넓은 의미의 '홍산문화' 는 요서 일대의 신석기 문화 모두를 일컫는다.

홍산문화의 유적 발굴은 1920년대 프랑스의 에밀 리쌍에 의해 시작되었고, 1930년대 중국 철학자 양계초의 아들인 양사영梁思永이 적봉시의 유적지를 조사한 이래 많은 학자들이 홍산문화 연구에 뛰어들었다. 적봉시의 부락에서만 발견이 되던 1930년대까지만

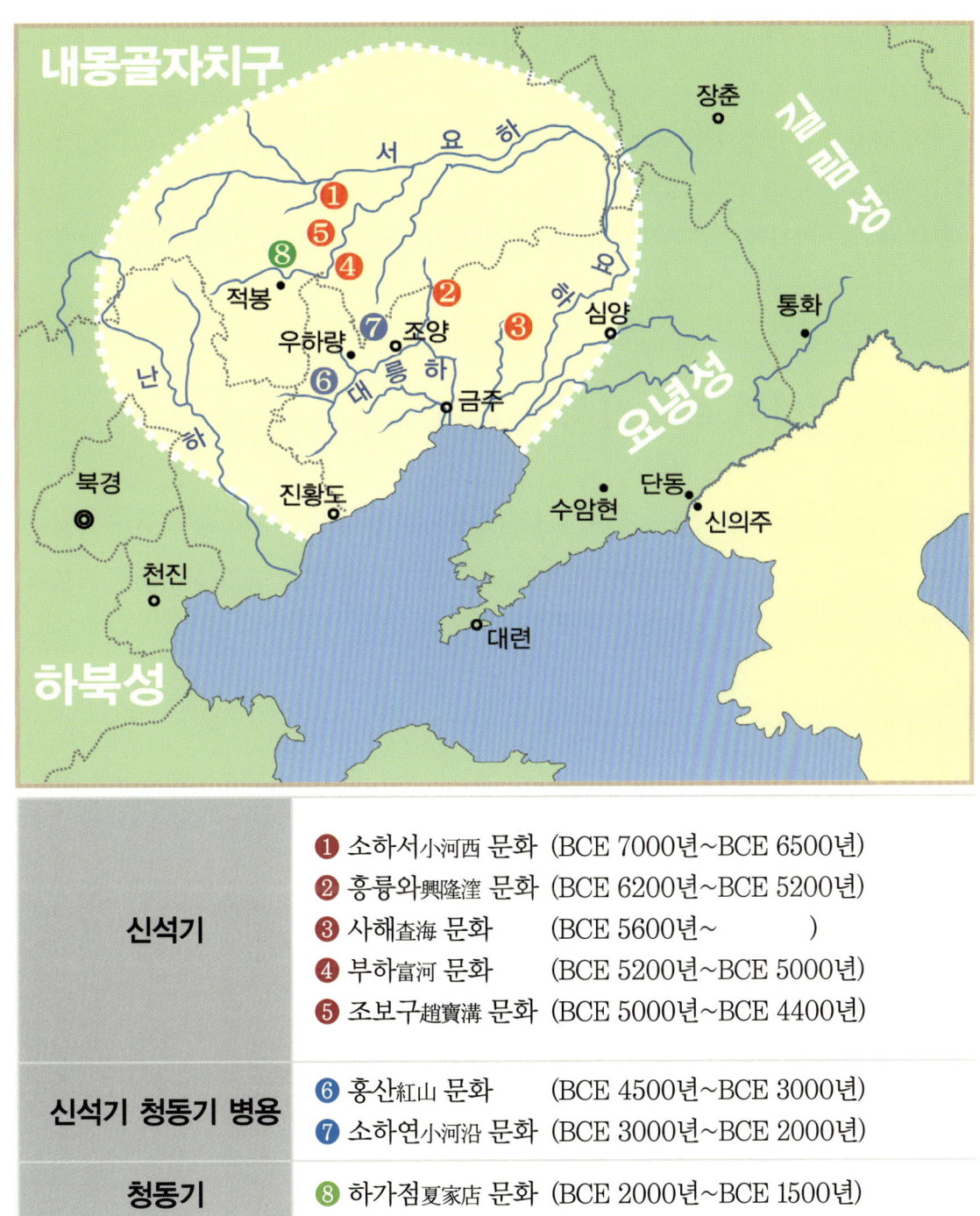

신석기	❶ 소하서小河西 문화 (BCE 7000년~BCE 6500년)
	❷ 흥륭와興隆窪 문화 (BCE 6200년~BCE 5200년)
	❸ 사해査海 문화 (BCE 5600년~)
	❹ 부하富河 문화 (BCE 5200년~BCE 5000년)
	❺ 조보구趙寶溝 문화 (BCE 5000년~BCE 4400년)
신석기 청동기 병용	❻ 홍산紅山 문화 (BCE 4500년~BCE 3000년)
	❼ 소하연小河沿 문화 (BCE 3000년~BCE 2000년)
청동기	❽ 하가점夏家店 문화 (BCE 2000년~BCE 1500년)

요하문명 시대구분

해도 이 문화를 황하유역에서 매우 번창한 앙소仰韶문화의 후기에 발전된 문화로 보았다.

그러나 1979년 5월 요녕성 조양시朝陽市의 몽고족자치현 동산취촌東山嘴村 뒷산 정상에서 대형 제단유적인 '동산취 유적'이 발견되고, 1983년부터 1985년에 걸쳐 동산취 유적에서 50Km 정도 떨어진 '우하량촌牛河梁村'에서 대대적으로 유물이 발굴되면서, 요서 지역의 문화는 이제까지 알려진 바 없는 전혀 다른 문화라는 것이 확인되면서 학계에 엄청난 충격을 던지게 되었다.

2. 요하 지역의 주요 신석기 문화

요하 지역의 신석기 문화를 그 유적지별로 분류한 것 중에서 중요한 몇 가지를 살펴보면서 그 문화의 특성을 대략 짚어보자. 각 유적지의 위치는 '요하문명 시대구분' 지도에 표시하였다.

소하서문화小河西文化

적봉시의 홍산문화 유적보다 늦게 1987년 내몽고에서 발견된 소하서문화 유적은 적어도 BCE 6500년까지 거슬러 올라가는, **동북아시아에서 가장 오래된 신석기 유적이다.**(지도①)

흥륭와문화興隆窪文化

적봉시赤峰市 오한기敖漢旗의 흥륭와문화는 BCE 6200년까지 올라가는 신석기문화 유적으로(지도②), 1982년에 발견되었으며 2001년 5월부터 대대적인 발굴이 진행되고 있다. 여기서 동북아시아 최초의 집단 주거지가 나왔으며, **세계 최고最古 옥귀걸이(玉玦)가** 발굴되었는데, 여기에 사용된 옥은 심양시에서 동쪽으로 3시간이나 떨어져 있는 요녕성 수암岫岩에서 나오는 '수암옥'임이 밝혀졌다.

흥륭와의 옥 귀걸이 발견은 BCE 6000년경에 이미 만주 벌판의 서쪽과 동쪽이 교류하고 있었다는 것을 입증하는 것이며, 요하 일대의 신석기를 주도한 세력이 예·맥족과 연결된 사람들이었다는 것을 보여준다.

사해문화査海文化

지도의 ③번에 해당되는 문화로, 요녕성 서부 의무려산 동쪽의 부신阜新 몽골족자치현에서 1982년에 발견되었다. BCE 5600년경에 시작된, 유적지 전체 면적이 3만 평방미터에 달하는 광범위한 지역에 걸쳐 번성했던 문화이다. 이 유적에서는 특히 돌로 쌓은 용형 상물인 석소룡石塑龍이 발굴되었는데, 이것을 중국 정부는 **중화제일용中華第一龍**이라 부른다.

조보구문화趙寶溝文化

적봉시 오한기敖漢旗 고가와포향高家窩鋪鄕 조보구촌趙寶溝村(지도⑤)에서 발견된 9만 평방미터의 유적지에서 발굴되는 BCE 5000년 경의 문화이다. **세계 최초의 봉황모양의 토기**가 나왔으며, 빗살무늬토기, 세석기 등 요서 지역의 신석기에서 보이는 일반적인 특징들이 모두 나타난다.

그리고 이곳에서 그림이 그려진 토기인 채도彩陶가 최초로 보이기 시작하는데, 이 채도는 황하 유역의 앙소문화(BCE 4500~2500)에서도 나타나는 것으로, 요하문명의 발굴 초기에는 앙소문화가 요하 지역으로 흘러 들어간 것으로 보았다. 그것이 이제는 뒤집어져 BCE 5000년을 전후한 시기에 조보구문화가 황하 중류의 '와이형 문화벨트(Y-belt)'를 통해 중원의 앙소문화에 영향을 미친 것으로 본다.

홍산문화紅山文化

홍산문화(지도⑥)는 1979년 동산취 유적, 1983년 우하량 유적이 발굴되면서 그 실체와 규모가 제대로 밝혀지게 되었는데, 우하량 유적은 BCE 3630±110년, 동산취 유적은 BCE 3535±110년의 것으로 확인되었다. 이에 의하면 홍산문화는 환웅천왕이 배달국을 세운 BCE 3898년에서 약 150~200년 뒤의 문화라고 추정된다.

홍산문화 유적지 중에서 그 핵심지라 할 수 있는 우하량에서 BCE 3500년까지 올라가는 대형 제단祭壇, 여신女神 묘廟, 돌을 쌓아 무덤의 묘실을 만든 적석총積石塚 등이 발굴되었다. 일반적으로 도시의 출현, 문자의 형성, 청동기의 발명을 문명의 3요소라고 하지만, 제례문화를 보여주는 제단·신전·무덤 등의 발견도 문명의 수준을 척도질함에 있어서 무시할 수 없는 중요한 요소이다.

이 문명의 발굴로 가장 당황한 것은 바로 중국 정부 자신들로, 그 전까지 중국은 자신들의 고대를 황하 유역의 하夏나라에서 시작해서 상商나라, 주周나라로 이어지는 시기로 설정했었는데, 우하량 유적의 발견은 이런 정설을 완전히 무너뜨리는 것이었다.

중국학자들이 홍산문화를 세계 4대문명 중의 하나인 황하 문명이나 삼황오제三皇五帝에 연결시켜 보려고 노력하고 있지만, 마치 남의 자식을 데려다 놓고 자기 자식으로 만들려 하나 도저히 그 생김새나 체질이 맞지 않아서 고심하는 것 같은 인상을 주고 있다.

3. 홍산문화의 유물이 드러내는 배달 겨레의 역사

우하량 유적지는 20여개 지점인데, 그 중에서 제2지점만이 유일하게 일반 관광객들한테도 공개되고 있다. 동서로 배치되어 있는 제2지점은 총길이가 160m이고 남북 50m에 이른다. 여기에서 발굴된 유적과 유물들을 조사하다 보면, 그 문화를 일군 주인공의 정체가 드러난다.

천원지방형의 적석총

우하량 제2지점에서 3층으로 이루어진 원형圓形의 제단과 방형方形의 돌무지무덤이 발굴되었다. 제단과 무덤 모두가 돌을 쌓아올려 만든 적석총으로, 원형과 방형이 앞뒤로 나란히 배치된 형태를 취하고 있다. 이에 중국학자들은 이 제단을 '천원지방天圓地方'사상의 원형이자 명·청시대 때 중국 황제들이 상제님께 천제를 지내던 북경 천단天壇의 원형으로 보고 있다.

고고학에서 가장 중요시하게 여기는 분야는 묘장법墓葬法인데 죽은 사람을 장례 치르는 의식은 오랜 기간 변하지 않는 그 민족 고유의 전통이기 때문이다. 적석총, 즉 돌무지무덤은 한반도와 만주에 널리 분포되어 있는 한민족의 전형적인 무덤으로 고구려와 초기 백제에까지 이어진 대표적인 양식이다. 중국 문명의 발상지인 황하 유역에는 적석총이 전혀 발굴되지 않고 있다.

이로 볼진대, 비록 우하량의 적석총이 중국 북경의 천단과 동일한 구조를 가지고 있긴 하지만, 홍산문화의 주인공들이 중국 한족의 조상들이라고 하는 것은 억지 주장이다. 바로 동방 한민족의 조상, 동이東夷 [8]배달족이 그 문화의 주체 세력인 것이다.

요녕성의 다른 두 곳에서 우하량의 적석총과 비슷한 유적이 발견되었다. 객좌현喀左縣 동산취東山嘴에서는 제단이 있는 석조 건축물과 적석묘군이 발견되었고, 부신현阜新縣 호두구胡頭溝 유적에서는 우량하의 무덤과 비슷한 무덤(석관묘)군이 발견되었다. 방사선탄소 연대측정에 의해 두 곳 모두 BCE 3500년경의 것으로 추정된다.

이렇게 요하 지역에서 우리나라 선사 시대의 대표적 묘제인 석관묘, 적석총 등이 발견된 것은 이형구 교수가 주장하듯이, 지금까지 우리 학계나 일본 학계에서 믿고 있는, BCE 8세기의 시베리아 지방의 석관묘와 BCE 6세기의 파지딕 적석묘가 한반도에 유입되었다는 '한반도 묘제의 시베리아 기원설'을 전면 재검토하게 하는 일이다. 훨씬 앞선 시대에 이미 동이족의 땅에는 시베리아 지역의 문화보다 더 찬란한 문화가 꽃피고 있었던 것이다.

요하문명과 한민족의 연관성을 보여주는 옥기玉器

홍산문화 유적지의 적석총에서 나온 석관石棺에서 **많은 옥玉 유물들**이 발굴되었다.

옥은 장신구와 제사 도구의 제작에 많이 쓰이는, 동양에서 진귀하고 소중하게 여기는 보석으로, 『주역』「설괘전」에서는 건乾[☰]괘의 성격을 옥이라고 했다. 옥은 하늘의 자연색을 가장 순수하게 드러내며 하나님의 맑고 신성한 마음을 상징한다. 그래서 상제님이 계신 천상의 수도를 옥경玉京이라 하고, 하느님을 부르는 호칭에도 천제天帝, 상제上帝, 천왕天皇 외에 옥황玉皇이라는 용어가 있다.

우하량의 무덤 61기 중에 부장품이 있는 무덤은 31기인데, 그 중 옥기를 수장한 것이

---

[8] 동이東夷의 '이夷'에는 '큰활을 사용하는 동쪽 사람', '신神을 대신하는 사람', '어진 사람'이란 의미가 있다.

26기에 달한다. 부장품 무덤의 80%가 옥기를 수장하였다. 일반적으로 선사시대 무덤은 흙으로 만든 토기土器를 부장품으로 하는데, 홍산문화 지역에서는 그 대부분이 옥기를 수장한 것이다. 그래서 중국의 일부 학자들이 이 지역에 대해서만은 신석기시대에서 청동기시대로 넘어가는 중간에 '옥기시대'를 설정해야 한다고 주장할 정도이다.

옥기문화는 북방계통 세석기문화의 후반기 문화인데, 세석기문화는 시베리아 남부에서 만주를 거쳐 한반도로 이어지는 문화다. 그렇다면 결국 옥기문화를 누린 요하지역은 한민족의 조상들의 근거지였다고 충분히 생각해 볼 수 있다.

요하문명과 한민족의 연관성을 구체적으로 보여주는 옥기 유물로 흥륭와문화 유적에서 나온 옥 귀걸이가 있다. 이 귀걸이와 유사한 모양을 가지며 비슷한 시기의 유물로 추정되는 귀걸이가 한반도의 동해안과 남해안 지역에서 발견된다. 강원도 고성군 문암리 선사유적지의 옥 귀걸이는 흥륭와문화의 그것과 매우 유사하다.

용봉 형상물과 세 발 달린 토기

홍산문화 유적지에서 천자天子의 상징인 용龍과 봉鳳의 형상물도 100여 개 이상이 발굴되었는데, 이들은 중국의 다른 지역에서 발견된 것들보다 훨씬 앞서 있다.

1971년 적봉시 북부의 옹우특기翁牛特旗에서 C자형의 옥으로 만든 용 형상물이 발견되었다. 그 후 1982년에 발굴된 BCE 5600년의 사해문화 유적에서 석소룡이 발견되기 전까지는 그것을 중국에서 가장 오래된 용 형상물이라 하여 중화제일용中華第一龍으로 불렸다.

또한 봉황을 묘사한 도기陶器도 발굴되었다. **용봉龍鳳 토템**은 동아시아의 독특한 문화현상으로 **음양문화陰陽文化의 뿌리**이며 천자天子를 상징하는 것이다. 한민족 고유의 용봉문화는 지금도 민속신앙의 솟대에서 자취를 엿볼 수 있으며 심양瀋陽에서 발견된 신석기문화로 BCE 5500년 전까지 내려가는 신락新樂유적지에서는 나무에 봉황을 새긴 권장權杖이 발견되었다. 뿐만 아니라 고대중국의 대표적인 토기인 삼족기三足器의 경우도 우하량에서 채색된 상태로 출토되었다.

황하나 양자강 유역의 유물보다 더 오래된 우하량의 용봉 형상물과 삼족기는 요하 지역에 뿌리를 둔 동이東夷가 중원으로 대규모 이동했거나 영향을 주었음을 시사한다. 중국 학자들은 우하량 유적을 "동북지역에서 빛을 냈을 뿐 아니라 중화문명의 서광이 되었다"

는 말로 예찬하며, 홍산문화가 자기네들의 유적인 것처럼 말하고 있다.

신전 터에서 나온 여신상女神像과 기타 유물들

1983년 우하량 제2지점의 북쪽 산 중턱에서 거대한 신전 터가 발굴되었고, 이곳에서 실제 사람 크기의 황토질 점토로 만든 가부좌 자세를 취한 여신상이 출토되었다. 옥으로 만든 눈동자를 가진 이 여신상은 둥그런 형태의 뺨을 가졌고 좀 과장된 표정의 인상을 짓고 있는데, 이는 중국 북부 지역 사람들의 전형적인 모습이라고 한다.

그리고 이 신전 터에서 곰의 아래턱 뼈, 곰의 대퇴부, 그리고 곰 발톱 모양의 진흙 토기 등이 발굴되었는데, 이것은 홍산문화의 주도 세력의 정체를 보여주는 중요한 유물이다. 이 유물에 근거하여 우실하 교수는 만주 지역의 토착세력이었던 웅족이 홍산문화를 일구었을 것이라고 주장하는데, 그의 주장은 한민족의 상고 역사를 그려주는 『삼성기』의 기록과 상통하는 바이다.

『삼성기』는 BCE 6천년 경 한민족사의 첫 출발점인 배달의 개국 무렵, 곰을 토템으로 하는 부족인 웅족이 환국의 후손인 환족의 은혜로 교화되고 문명화된 사실을 전하고 있다.

4. 뿌리를 찾아라

최근에도 계속 새로운 탐사가 이어지고 있는 최고 8,500년까지 거슬러 올라가는 홍산문화의 발굴은 세계 문명사를 다시 쓰게 하는 엄청난 사건이다.

중국학자들은 여러 발굴 결과를 토대로 홍산문화는 황하문명보다 2~3천 년 앞선 것이며, 그 문화의 중심지로 추정되는 요하 지역은 주변 지역보다 훨씬 앞서서 국가 단계의 조건을 다 갖춘 문명사회로 발전했다고 결론을 내렸다. 그들은 홍산문화를 '중국의 요하문명' 이라 부르면서, 중국 민족의 문화가 이집트나 메소포타미아 보다 앞서는 세계 최고最古 문명이라는 주장의 핵심 증거로 이 홍산문화를 이용하고 있다. 세계 경제대국에 올라서면서 이제는 동방 한민족의 시원문화를 송두리째 자기들의 고대 문화로 조작하여 중화주의를 바탕으로 한 문화대국을 꿈꾸고 있는 것이다.

그런데 배달은커녕 고조선조차 실제 역사로 인정하지 않는 이 땅의 대부분 사학자들은 홍산문명의 실체에 대해 침묵을 지키거나 우리 역사와 관계없는 것이라고 부정하고 있다.

그들이 만리장성 밖의 북방문화인 홍산문화를 동방 문화의 주인공인 한민족의 시원사로 인정하게 되면, 지난 한 세기동안 일제 식민사관과 중화 사대주의 사관에 입각한 그들의 역사관이 완전히 무너지고, 한민족 고대사에 대한 그들의 논문이 다 폐기처분되어야 하기 때문이다.

▲아래 여신상을 복원한 모습

지금은 천지의 가을문명으로 들어서는 후천개벽기!

가을의 정신은 뿌리로 돌아가는 원시반본原始返本이다. 뿌리를 찾아라! 그것만이 가을 천지의 정신에 부합되는 성숙의 길이요 역사의 정의를 회복하는 대도의 길이다.

▲우하량 신전神殿터에서 발굴된 실물 크기의 여신상女神像 잔해. 왼쪽 조각은 책상다리를 한 자세이고 오른쪽은 왼팔을 감싸 잡은 모습.

128

▲우하량 적석총과 원형제단

▲길림성 연변의 웅녀상 중국이 고조선을 자국 역사로 편입 하려는 동북공정의 일환 으로 세웠다.

◀여신묘에서 발견된 도 제陶制 여신 두상頭像 크기는 실물에 가깝고 눈동자는 옥으로 만들어 넣었다.

◀곰을 토템으로 삼은 웅녀족의 신전으로 추정 되는 우하량 여신묘女神 廟에서 곰 뼈와 함께 출 토된 곰 발 모양의 진흙 토기

◀C자형 옥조룡玉雕龍

　　내몽골자치구 옹우특기翁牛特旗 삼성타라촌三星他拉村에서 발견된 홍산문화의 전형적인 옥기로, 중국에서 가장 오래된 용 모양을 하고 있다. 1982년에 부신阜新의 사해문화查海文化 유적지에서 돌로 쌓아 만든 용 형상물이 발견되기 전까지 '**중화제일용**中華第一龍'으로 불렸다.

◀조보구문화에서 발견된 봉형鳳形

　　적봉시赤峰市 오한기敖漢旗 고가와포향高家窩鋪鄕 조보구촌趙寶溝村에서 발견된 새 모양 토기로 최초의 봉鳳 형상물이라 하여 '**중화제일봉**中華第一鳳'으로 명명되었다.

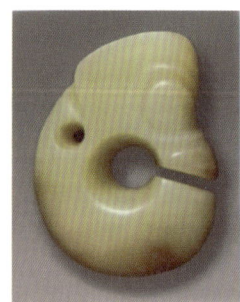

▲홍산문화 지역에서 발굴된 다양한 옥웅룡玉熊龍

　　이것을 처음에는 돼지형상으로 보고 옥저룡玉猪龍이라 하였으나 최근에는 곰과 용이 혼합된 것으로 밝혀져 **웅룡**熊龍이라 부른다.

▲옥저룡玉猪龍

우하량 적석총 내부▶
수많은 옥기가 부장품으로 묻혔다.

▲홍산문화와 같은 시기인 심양瀋陽 신락新樂문화에서 발견된 봉황모양 권장權杖

131

▲능원凌源 우하량牛河梁 적석총積石塚.

▲능원 우하량 적석총 발굴당시 모습.

▲옥인형玉人形 능원 우하량 출토.

▲채도통형기彩陶筒形器 능원 우하량 출토.

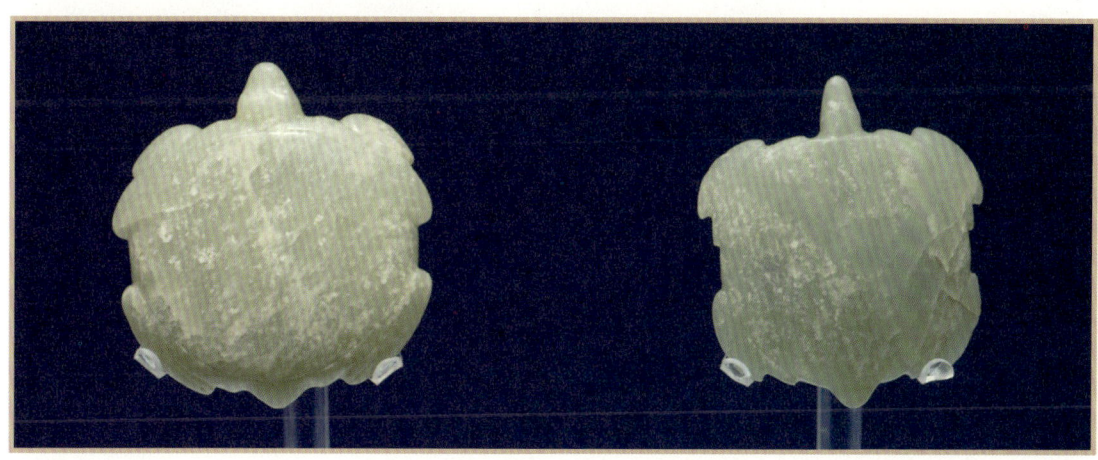

▲옥거북 능원 우하량 출토.

▲옥봉玉鳳 봉황모양의 옥기. 능원凌源 우하량 출토.

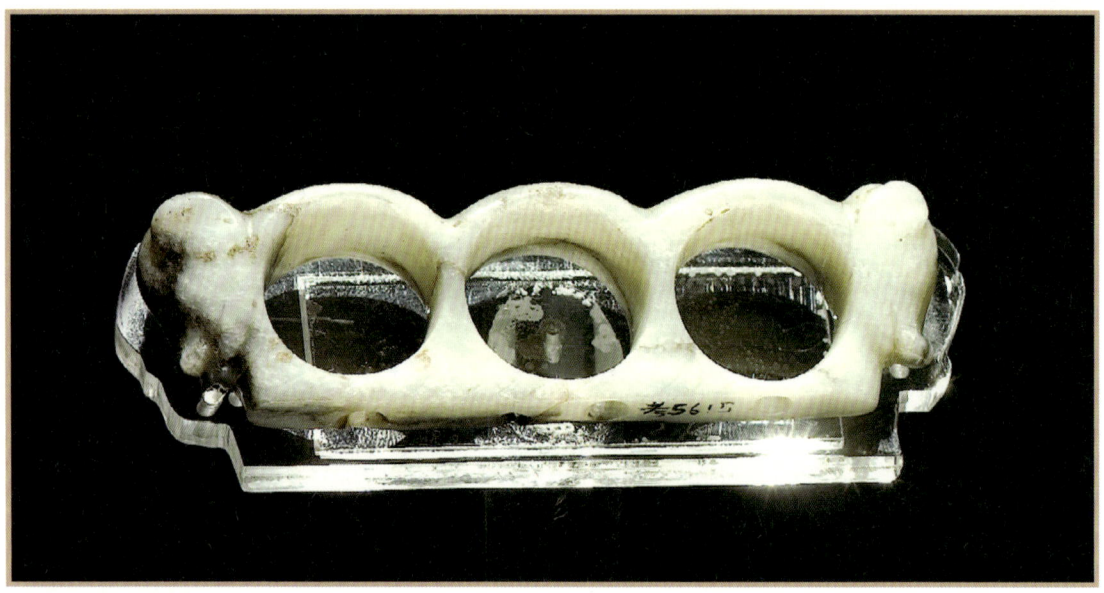

▲쌍웅수삼공기雙熊首三孔器 능원 우하량 출토. 양쪽 끝에 곰머리 모양을 조각한 옥기.

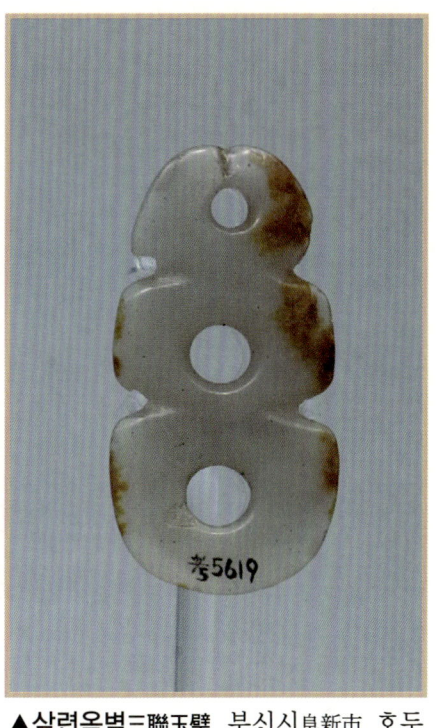

▲복골卜骨 건평建平 수천水泉 유적 출토. 짐승의 뼈로 점을 치는 것은 동이족의 풍습으로 은나라의 갑골 보다 앞선다.

▲삼련옥벽三聯玉璧 부신시阜新市 호두구묘胡頭溝墓 출토.

▲옥으로 만든 부엉이와 새 부신시阜新市 호두구묘胡頭溝墓 출토.

▲**구름형 옥기** 능원 우하량 출토.

▲**짐승모양의 옥기** 능원 우하량 출토.

신교神敎 제천祭天 문화의 자취

환국은 광명사상 속에서 탄생한 동서양 인류의 원 고향이다. 중앙아시아 동쪽에서 태동한 환국문명은 사방으로 뻗어 동서 4대 문명권을 형성하였다.

전 세계에서 발견되고 있는 피라미드들은 환국의 신교문화, 즉 우주의 통치자이신 상제님께 천제를 올리던 제천문화의 유산이다. 이것은 초기 피라미드의 원형이 천제를 올리기 위해 윗부분이 평평한 단壇으로 되어 있었다는 사실에서 확인할 수 있다.

지금도 베일에 싸여 있는 인류 뿌리문화인 환국의 신교문화! 이제 가을 개벽기를 맞이하여 원시반본하는 가을철의 섭리에 따라 그 실체가 온전히 드러날 것이다.

▲미국 일리노이주 카호키아 마운드Cahokia Mounds 유적의 대표적 피라미드인 '몽크스 마운드 Monk's Mound' 길이 304m, 높이 30m, 폭 213m에 달하는 초대형 구조물이다. 이 인디언 유적은 하늘과 땅을 이어주는 신성한 장소로서 제천의식에 사용된 것으로 추정하고 있다.

▲이집트인들은 피라미드를 '승천의 공간'을 뜻하는 '메르mer'라 불렀다.

▲중앙아메리카 마야문명의 피라미드

동방에서 온 수메르문명

BCE 3300년 경, 지금의 이라크 지역에서 수메르문명이 태동되었다. 수메르문명은 현서양문명의 뿌리인 고대 메소포타미아문명으로 계승되었다. 130년에 걸친 고고학적 발굴을 통해 문자, 법률, 학교, 의회제도 등 수메르 문명을 창조한 고대 수메르 민족은 메소포타미아의 원주민이 아닌 동방에서 온 이주민이었으며 우리 한민족과 혈통이나 언어, 문화적으로 불가분의 관계에 있다는 사실이 밝혀지고 있다.

수메르인들의 창세신화를 보면 자신들을 머리 뒷부분이 평평한 검은머리의 인종으로 묘사하고 있다. 수메르어는 우리말 '은, 는, 이, 가' 처럼 토씨를 사용하는 교착어 Agglutinative Language이며 모음조화현상과 주어+목적어+서술어의 어순 등 동일한 문법체계를 가졌다.

수메르인들은 동방의 종주국을 '하늘나라' 로 말하고, 자기들이 '하늘산(天山An-san)' 을 넘어 왔다고 한다. '안산An-san' 의 '안An' 은 '하늘' 을 뜻한다. 수메르의 '안' 은 한국어의 '한' 이 건너간 말이다.

메소포타미아의 평지 위에 정착한 그들은 산처럼 높은 대형 제단인 지구랏Ziggurat을 쌓고 하늘에 제사지냈다. 한민족처럼 하늘을 숭배하는 제천문화와 천자사상을 갖고 있었던 것이다.[9] 이것은 "교권과 왕권이 하늘로부터 부여되었다"는 수메르 제1 왕조를 건설한 '엔릴Enril영웅의 서사시' 에도 잘 나타난다.

정교일치政教一致시대였던 당시 수메르인들은 신의 권한을 대행하는 최고 통치자에게 환국의 환인과 마찬가지로 '인En' 이라는 호칭을 붙였다. 그리고 가장 주목할 만한 사실은 그들이 동방의 도덕주의를 바탕으로 하여 살았다는 것이다. 학교에서 선생을 '아버지 School Father' 라 불렀고, 선생은 제자를 '아들Son of School' 이라고 했다. 이는 동방신교의 삼신문화에 뿌리를 둔 군사부 일체, 임금과 스승과 아버지를 똑같이 받드는 문화

---

9) 송호수, 『韓民族의 固有思想에 관한 研究』(Los Angeles: S.Baylo, University Press, 1982), 28~29쪽.

의식의 표출로서 서양의 도덕주의나 윤리의식에서는 전혀 찾아볼 수 없는 사상이다. 이것은 곧 수메르인들이 환족의 갈래이며 신교문화를 그대로 가져다가 메소포타미아문명을 일으켰음을 입증하는 가장 뚜렷한 예라 하겠다.

우리 민족의 풍류제전風流祭典은 신명과 인간이 시공간을 초월하여 합일되는 한마당으로서, 그 숭고한 의식이 행해진 제천단의 성소를 '소도蘇塗'라 하였다. 처음에는 3월 16일과 10월 3일에 천제를 지내다가 후에는 5월, 10월에 지냈다. 현재 우리나라에 남아 있는 가장 오래된 제천단은 초대 단군왕검 재위 51년(BCE 2283)에 운사 배달臣을 보내어 축조한 강화도 마리산의 참성단이다.

제천단의 자취는 수메르를 비롯하여 이집트, 중국, 티베트 등지에 널리 퍼져 있다. 이 가운데 수메르문명은 지금의 이라크 지역에서 발달한 것으로 서양문명의 뿌리인 메소포타미아문명으로 계승되었다. 고고학자들은 BCE 3300년경부터 이 지역에서 토기·토우土偶 제작, 신전神殿 건립, 문자사용 등 문명이 발달했었음을 밝혀냈다.

수메르문명의 주인공인 수메르인은 환국의 신교문화를 그대로 갖고 중동 지역에 정착한 검은머리 족속으로, 환국 12분국 가운데 하나인 수밀이국의 후손들로 추정된다. 그들은 고산에 올라 하늘에 계신 상제님께 제를 올렸던 바, 이는 환국시대로부터 전해져 온 제천의식이다. 또한 수메르인은 중동의 평야 지역에 정착하자 고산을 모방한 천단을 건축하고 그 꼭대기에 올라가 천제를 지냈다. 이 제천단이 지구랏이다. 『구약성서』에 나오는 바벨탑도 사실은 바빌론 지역의 지구랏이다.

지구랏은 후에 이집트로 흘러들어가 피라미드가 되었다.

▲**수메르 도시 국가 우르의 지구랏** 지구랏의 전형적인 형식은 점점 작아지는 사각형의 테라스를 여러 층 겹쳐 올리다가, 그 최상부에 직사각형 신전을 안치하는 것이다.

▲**우르의 지구랏** 구약성경 창세기에 나오는 그 유명한 바벨탑이 바로 지구랏이다. 큰 홍수가 발생하면 도시 주민들의 피난처가 되기도 했는데 노아의 홍수신화(수메르 길가메쉬 서사시의 홍수설화)에서 방주를 타고 표류하다 산 정상에 머물렀다는 이야기가 여기서 나왔다.

참고문헌

『史記』　　　　　『漢書』　　　　　『後漢書』
『竹書紀年』　　　『三國志』　　　　『魏書』
『晉書』　　　　　『宋書』　　　　　『南齊書』
『陣書』　　　　　『梁書』　　　　　『北齊書』
『隋書』　　　　　『周書』　　　　　『南史』
『北史』　　　　　『舊唐書』　　　　『新唐書』
『遼史』　　　　　『資治通鑑』　　　『管子』
『孟子』　　　　　『論語』　　　　　『春秋左傳』
『三國遺事』　　　『三國史記』　　　『山海經』
『淮南子』　　　　『書經』　　　　　『古事記』
『日本書紀』　　　『抱朴子』　　　　『吳越春秋』
『天符經』　　　　『三一神誥』　　　『大戴禮記』
『神事記』　　　　『說苑』　　　　　『大明一統志』
『十八史略』　　　『神敎叢話』　　　『說文解字』
『韓非子』　　　　『通典』　　　　　『鹽鐵論』
『帝王韻紀』　　　『應制詩註』　　　『東史綱目』
『箕子實記』　　　『國語』　　　　　『水經注』
『詩經』　　　　　『括地志』　　　　『滿洲源流考』
『熱河日記』　　　『博物志』

각훈, 『해동고승전』, 을유문고, 1975.
葛兆光 저, 심규호 옮김, 『道敎와 中國文化』, 東文選, 1993.
강만길 외, 『우리역사를 의심한다』, 서해문집, 2002.
강만길, 『21세기의 서론을 어떻게 쓸 것인가』, 삼인, 1999.
강희남, 『환단고기』, 법경원, 2008.
계연수 고동영 역, 『환단고기』, 한뿌리, 2005.
계연수, 『환단고기』, 한뿌리, 2005.

고동영 역주, 『규원사화』, 한뿌리, 1993.

고동영 역주, 『단기고사』, 한뿌리, 1993.

고준환, 『하나되는 한국사』, 범우사, 1992.

郭大順, 『紅山文化考古紀』, 遼寧人民出版社, 2009.

곽대순·장성덕 저, 김정열 역 『동북문명과 유연문명』, 동북아역사재단. 2008.

郭沫若 主編, 『中國史稿地圖集』上·下, 中國地圖出版社, 1996.

권태원, 『고대한민족문화사연구』, 일조각, 2000.

그레이스 E. 케언스, 이성기 옮김, 『역사철학』, 대원사, 1994.

기수연, 『후한서 동이열전 연구』, 백산자료원, 2005.

김교헌 외, 『신단실기』(한민족의역사 6) 한뿌리, 1987.

김달수, 『일본속의 한국문화』, 조선일보사, 1986.

김문길, 『일본고대문자연구』, 螢雪出版社, 1992.

김상일 외, 『한류와 한사상』, 모시는 사람들, 2009.

김상일, 『인류문명의 기원과 한』, 가나출판사, 1987.

김석형, 『고대한일관계사』, 한마당, 1988.

김성재, 『갑골에 새겨진 신화와 역사』, 동녘, 2000.

김열규, 『한국신화와 무속연구』, 일조각, 1982.

김열규, 『한맥원류』, 주우사, 1981.

김영돈, 『고조선과 홍익인간(한단고기로 본)』, 보경문화사, 2000.

김영주, 『한민족의 뿌리와 단군조선사』, 대원출판, 2004.

김용옥, 『삼국통일과 한국통일』上·下, 한국사상사연구소, 1994.

김용운, 『원형의 유혹』, 한길사, 1995.

김용운, 『한일 민족의 원형』, 평민사, 1989.

김원룡, 『韓國考古學概說』, 一志社, 1973.

김육불, 『동북통사』상 하, 동북아역사재단, 2007.

김은수, 『환단고기』, 기린원, 1989.

김인배 외, 『일본서기 고대어는 한국어』, 빛남, 1991.

김일권, 『우리 역사의 하늘과 별자리』, 고즈원, 2008.

김재용·이종주 공저, 『왜 우리 신화인가』, 동아시아, 1999.

김재원, 『단군신화의 신연구』, 탐구당, 1981.

김정배 엮음, 『북한의 우리 고대사인식:연구성과와 평가』, 대륙연구소출판부, 1991.

김정배, 『韓國古代史와 考古學』, 신서원, 2000.

김정배,『韓國古代의 國家起源과 形成』, 高麗大學校出版部, 1986.

김정학,『한국상고사연구(김정학저작선집)』, 범우사, 1991.

김충열,『중국철학사』, 예문서원, 1996.

김태식,『伽倻聯盟史』, 一潮閣, 1997.

김향수,『일본은 한국이더라』, 문학수첩, 1995.

김현구,『백제는 일본의 기원인가』, 창작과비평사, 2002.

김희영 편역,『中國古代神話』, 육문사, 2001.

노태돈 편저,『단군과 고조선사』, 사계절, 2000.

鹿島昇,『桓檀古記』, 新國民社, 1990.

단군학회,『단군과 고조선 연구』, 지식산업사, 2005.

단학회연구부,『환단고기』1~3, 코리언북스, 1998.

譚其驤,『中國歷史地圖集』, 지도출판사, 1982.

동북아역사재단 편,『고조선 · 단군 · 부여』, 동북아역사재단, 2004.

동북아역사재단,『내몽고 중남부의 오르도스 청동기와 문화』, 동북아역사재단, 2007.

동북아역사재단,『만주 그 땅 사람 그리고 역사』, 동북아역사재단, 2007.

동북아역사재단,『중국의 국경 영토 인식』, 동북아역사재단, 2007.

동북아역사재단,『중국의 동북변강 연구』, 동북아역사재단, 2007.

로버트 V. 다니엘스 저, 정경현 역,『역사학입문』, 지식산업사, 1997.

柳冬青,『紅山文化』內蒙古大學出版社, 2002.

陸運高,『看版圖學中國歷史』, 星球地圖出版社, 2007.

리지린,『고조선 연구』, 열사람, 1989.

마르크 블로크, 고봉만 옮김,『역사를 위한 변명』, 한길사, 2001.

문재현 역,『환단고기』1~4, 바로보인, 2005.

문정창,『古朝鮮史硏究』, 한뿌리, 1993.

문정창,『百濟史』, 栢文堂, 1964.

문정창,『백제사』, 인간사, 1988.

문정창,『일본고대사』, 인간사, 1989.

문정창,『韓國슈메르이스라엘의 歷史』, 栢文堂, 1979.

문정창.『韓國古代史』上 · 下, 栢文堂, 1979.

박성수,『단군기행』, 교문사, 1988.

박성수,『단군문화기행』, 서원, 2000.

박성수,『歷史理解와 批判意識』, 종로서적, 1980.

박성수, 『歷史學槪論』, 三英社, 1997.

박성수, 『민족사의 脈을 찾아서』, 집현전, 1985.

박성수, 『일본 교과서와 한국사의 왜곡』, 민지사, 2003.

박시인, 『국사개정의 방향』, 주류, 1982.

박시인, 『알타이神話』, 三中堂, 1980.

박시인, 『알타이人文硏究』, 서울대학교출판부, 1970.

박영만, 『동방의 태양 한민족』, 육지사, 1982.

박용숙, 『지중해 문명과 단군조선』, 집문당, 2001.

박용숙, 『韓國古代美術文化史論』, 一志社, 1992.

박용숙, 『韓國의 始源思想』, 文藝出版社, 1991.

박원고 편, 『中國의 歷史와 文化』, 高麗大學校 出版府, 1992.

박창범, 『하늘에 새긴 우리역사』, 김영사, 2002.

박현, 『한국고대지성사 산책』, 백산서당, 1995.

박현, 『한반도가 작아지게 된 역사적 사건 21가지』, 두산동아, 1997.

백 산 편역, 『천부사상과 환단역사』, 동신출판사, 1989.

白山學會 編, 『白山學報』第56~67號, 백산학회, 2000~2004.

白山學會 編, 『韓民族의 形成과 發展』, 백산자료원, 1999.

복기대, 『요서지역의 청동기시대 문화연구』, 백산자료원, 2002.

북애 저, 고동영 옮김, 『규원사화』, 한뿌리, 2005.

브라이언 페이건 저, 남경태 옮김, 『기후 문명의 지도를 바꾸다』, 예지, 2008.

사단법인 한배달, 『특집 치우는 살아있다』, 한배달 43호, 1999.

사회과학원 역사연구소, 『조선고대사』, 한마당, 1989.

徐强, 『紅山文化古玉鑑定』, 華藝出版社, 2007.

서병국, 『동이족과 부여의 역사』, 혜안, 2001.

서병국, 『발해제국사』, 서해문집, 2006.

서양지, 『中國史前史話』, 香港 : 亞洲出版社, 1956.

서영대 · 송화섭, 『용, 그신화와문화』, 민속원, 2002.

서희건 편저, 『잃어버린 역사를 찾아서』 1 · 2 · 3, 고려원, 1986.

손진기 저, 임동석 옮김, 『東北民族源流』, 1992.

송기윤, 『中國에도 全州가 있다』, 두인, 2002.

송기호, 『동아시아의 역사분쟁』, 솔, 2007.

송호수 엮음, 『겨레 얼 三大原典 - 조화경.교화경.치화경』, 인간연합, 1983.

송호수, 『위대한 민족-한글은 세종 이전에도 있었다』, 保林社, 1992.

송호수, 『韓民族의 뿌리思想』, 人間聯合, 1983.

송호정, 『한국 고대사 속의 고조선사』, 푸른역사, 2003.

수요역사연구회 엮음, 『곁에 두는 세계사』, 석필, 2001.

신채호 저, 이만열 주석, 『註釋 朝鮮上古史』上·下, 丹齋 申采浩先生 紀念事業會, 1999.

심백강, 『사고전서중의 동이사료(전5권)』, 민족문화연구원, 2003.

심백강, 『황하에서 한라까지』, 참좋은세상, 2007.

瀋陽新樂遺址博物館 編, 『新樂遺址博物館 館藏文物集粹』, 遼寧美術出版社, 2008.

심원봉 편역, 『욪경』, 정신세계사, 2002.

안명선, 『빛나는 겨레의 얼』, 성문각, 1962.

안원전, 『통곡하는 민족혼』, 대원출판, 1996.

안창범, 『민족사상의 원류』, 교문사, 1988.

안호상, 『겨레 역사 6천년』, 기린원, 1992.

안호상, 『단군과 화랑의 역사와 철학』, 사림원, 1979.

안호상, 『배달·동이는 동아문화의 발상지』, 한뿌리, 1992.

양민종·장승애, 『알타이 이야기』, 정신세계사, 2003.

余秋雨 主編, 『藏着的中國』, 百花文藝出版社, 2002.

연세대학교 국학연구소 편, 『고구려사 연구2 사료편』, 연세대학교 출판부, 1988.

오강원, 『西團山文化의 圈域에 관한 研究』, 『韓國上古史學報』第33號, 韓國上古史學會, 2000.

오순재, 『우리 고구려 찾아가기』, 다시, 2004.

와타나베미츠토시 지음, 채희상 옮김, 『日本天皇渡來史-일본천황은 한국에서 왔다』, 知文社, 1995.

왕건군 저, 송기호 역, 『발해의 역사』, 아시아문화연구소, 1987

王大有, 임동석 옮김, 『龍鳳文化源流』, 東文選, 1994.

遼寧省文物考古研究所, 『遼河文明展 文物集萃』, 遼寧省博物館, 2006.

월간중앙 역사탐험팀 엮음, 『광개토대왕이 중국인이라고』, 중앙일보 시사미디어, 2004.

위앤커·전인초 저, 김선자 옮김, 『중국신화전설』1, 민음사, 2000.

유 엠 부찐 저, 이항·이병두 옮김, 『고조선』, 소나무, 1990.

유왕기, 『7만년 하늘민족의 역사』, 세일사, 1989.

윤내현, 『고조선 우리의 미래가 보인다』, 민음사, 1995.

윤내현, 『고조선연구』, 일지사, 1994.

윤내현, 『우리고대사-상상에서 현실로』, 지식산업사, 2003.

윤내현, 『中國의 原始時代 : 社會性格의 變遷을 中心으로』, 檀國大學校出版部, 1991.

윤내현, 『한국고대사』, 삼광출판사, 1990.

윤내현, 『韓國古代史新論』, 一志社, 1986.

윤내현, 『한국열국사연구』, 지식산업사, 1998.

윤내현, 박성수, 이현희 공저, 『새로운 한국사』, 삼광출판사, 1994.

윤내현.박선희.하문식, 『고조선의 강역을 밝힌다』, 지식산업사, 2006.

윤명철, 『일본고대사이해』, 터울림, 1989.

윤명철, 『한민족의 해양활동과 동아지중해』, 학연문화사, 2002.

윤무병, 『한국청동기문화연구』, 예경산업사, 1991.

윤용구 외, 『부여사와 그 주변』, 동북아역사재단, 2008.

윤이흠 외, 『檀君 그 이해와 자료』, 서울대학교출판부, 2001.

이강식, 『神市組織史』, 아세아문화사, 1993.

이기백, 『韓國古代史論』, 一潮閣, 1995.

이능화 집술, 이종은 역주, 『朝鮮道敎史』, 普成文化社, 2000.

이덕일, 『살아있는 한국사』1-3, 휴머니스트, 2003.

이덕일, 『유물로 읽는 우리 역사』, 세종서적, 1999.

이덕일 · 김병기, 『고조선은 대륙의 지배자였다』, 역사의 아침, 2006.

이덕일 · 이희근, 『우리 역사의 수수께끼』1 · 2, 김영사, 1999.

이도학, 『새로 쓰는 백제사』, 푸른역사, 1997.

이도학, 『한국고대사 그 의문과 진실』, 김영사, 2001.

이동주, 『한국 신석기문화의 원류와 전개 (동아시아문물연구학술재단 총서』01, 세종출판사, 2007.

이만열, 『丹齋申采浩의 歷史學에 關한 硏究』, 서울大學校, 1986.

이만열, 『韓國近代歷史學의 理解』, 文學과 知性社, 1997.

이범룡, 『중세 만주몽골사의 연구』, 동화출판공사, 1988.

이범룡, 『한만교류사 연구』, 동화출판공사, 1989.

이병도, 『修訂版 韓國古代史研究』, 博英社, 1985.

이병도, 『한국상고사입문』, 고려원, 1989.

이병도 · 최태영 공저, 『한국상고사입문』, 고려원, 1989.

이병선, 『임나국과 대마도』, 아세아문화사. 1990.

이상시, 『檀君實史에 관한 文獻考證』, 가나출판사, 1987.

이성규 외, 『낙랑문화 연구』, 동북아역사재단, 2007.

이성재, 『잃어버린 나라 낙랑』, 어드북스, 2007.

이영훈 외, 『한민족과 북방과의 관계사 연구』, 한국정신문화연구원, 1995.

이옥, 『고구려민족형성과 사회』, 교보문고, 1990.

이우성 · 강만길 [共]편. 『韓國의 歷史認識』上 · 下, 創作과 批評社, 1990.

이유립 註解, 『신시개천경』, 光吾理解社, 1979.

이유립, 『大倍達民族史』1-5, 高麗家, 1986.

이유립, 『커발한 문화사상』, 왕지사, 1976.

이일봉, 『실증 한단고기』, 정신세계사, 1998.

이정훈, 『발로 쓴 반동북공정』, 지식산업사, 2009.

이지린 · 강인숙 『고구려역사』, 논장, 1988.

이천동, 『신 한단고기 동신출판사, 2000.

이토 세이지(伊藤清司) 저, 박광순 옮김, 『신이의 나라, 중국의 신화와 전설』, 넥서스, 2000.

이형구 엮음, 『단군과 고조선』, 살림터, 1995.

이형구, 『대릉하유역의 은말주초 청동기문화와 기자 및 기자조선』, 한국상고사학보5, 1991.

이형구, 『발해연안에서 찾은 한국 고대문화의 비밀』, 김영사, 2004.

이형구, 『한국 고대 문화의 기원』, 까치, 1991.

이형구, 『한국 고대문화의 비밀 (발해연안에서 찾은)』, 김영사, 2004.

이형구.이기환, 『코리안 루트를 찾아서』, 성안당, 2009.

이형석 · 이종호, 『고조선 신화에서 역사로』, 우리책, 2009.

이홍규, 『바이칼에서 찾는 우리민족의 기원』, 정신세계원, 2006.

이희근, 『한국사는 없다』, 도서출판 사람과 사람, 2001.

이희진, 『식민사학과 한국고대사』, 소나무, 2008.

이희찬 · 임상선 · 윤휘탁, 『동아시아의 역사분쟁』, 동재, 2006.

임승국 번역 · 주해, 『한단고기』, 정신세계사, 1991.

자오춘칭 · 친원성 저, 조영현 옮김, 『문명의 새벽1-원시시대』, 시공사, 2003.

장광직, 윤내현 옮김, 『商文明』, 民音社, 1989.

張碧波 · 張軍, 『中華文明探源』, 上海人民出版社, 2007.

張富祥, 『東夷文化通考』, 上海古籍出版社, 2008.

장용학, 『허구의 나라 일본』, 일월서각, 1984.

張清華, 『一口氣讀完 上古史』, 京華出版社, 2009.

장태상, 유태용 역, "눈강유역 원시문화의 초보적 연구"『白山學報』第59號』, 白山學會, 2001.

장한식, 『신라법흥왕은 선비족 모용씨의 후예였다』, 풀빛, 1999.

田秉鍔, 『龍圖騰』, 社會科學文獻出版社, 2008.

전춘원, 『한민족이 동북아역사에 끼친 영향 』, 집문당, 1998.

정두희, 『하나의 역사, 두 개의 역사학』, 조합공동체 소나무, 2001.

정수옥·손병화·양석진, 『한국의고대 목기』, 국립가야문화재연구소, 2008.

정연종, 『한글은 단군이 만들었다』, 죠이정 인터내셔널, 1996.

정영훈, "檀君民族主義와 그 政治思想的 性格에 관한 硏究 : 韓末-政府樹立期를 중심으로" 檀國大學校, 1993.

정인보 저, 박성수 편역, 『정인보의 조선사연구』, 서원, 2000.

정재서, 『不死의 신화와 사상』, 민음사, 1994.

정재승, 『바이칼, 한민족의 시원을 찾아서』, 정신세계사, 2003.

정형진, 『천년왕국 수시아나에서 온 환웅』, 일빛, 2006.

제임스 포사이스 저, 정재겸 옮김, 『시베리아 원주민의 역사』, 솔, 2009.

鳥大正, 李大龍, 耿鐵華, 權赫秀, 『古代中國高句麗歷史續論』, 中國社會科學出版社, 2003.

조법종 외, 『이야기 한국고대사』, 청아출판사, 2007.

조빈복, 최무장 역, 『中國東北 新石器文化』, 集文堂, 1996.

조선사학회 편 支那史料抄, 『경인문화사』, 1982.

조선유적유물도감편찬위원회 편찬, 『고조선, 부여, 진국 편』『조선유적유물도감 = The illustrated book of ruins and relics of Korea』 2, 동광출판사, 1990.

조성제, 『무속에 살아있는 우리상고사』, 민속원, 2005.

조춘천·진문생 저, 조영현 옮김, 『문명의 새벽』, 시공사, 2003.

존 카터 코벨 저, 김유경, 『일본에 남은 한국미술』, 글을읽다, 2008.

존 카터 코벨 저, 김유경, 『한국문화의 뿌리를 찾아』, 학고재, 1999.

주채혁, 『순록치기가 본 조선.고구려.몽골』, 혜안, 2007.

中華學術院, 『中文大辭典』. 1-10卷, 景仁文化社, 1994.

지승, 『부도와 ·단의 이야기』, 대원출판, 1996.

차하순 편, 『史觀이란 무엇인가』, 청람, 1995.

차하순, 『역사의의미』, 弘盛社, 1981.

찰스 앨런 외, 『원시에서 현대까지 인류생활사』, 동아출판사, 1994.

천관우 편, 『韓國上古史의爭點』, 一朝閣, 1975.

천관우, 『古朝鮮史.三韓史硏究』, 一潮閣, 1989.

村岡典嗣 저, 박규태 옮김, 『일본 신도사』, 예문서원, 1998.

최광렬, 『한民族史와 思想의 源流』, 思社硏, 1987.

최몽룡, 『동북아 청동기시대 문화연구』, 주류성, 2004.

최몽룡, 『시베리아의 선사고고학』, 주류성, 2003.

최무장, 『고구려 발해문화』, 집문당, 1985.

최인, 『한국의 재발견』, 국민출판사, 1970.

최재석, 『古代韓日關係와 日本書紀』, 일지사, 2001.

최재석, 『백제의 대화왜와 일본화과정』, 일지사 , 1990.

최종철, 『환웅 · 단군 9000년 비사』, 미래문화사, 1995.

최태영, 『인간 단군을 찾아서』, 학고재, 2000.

최태영, 『한국고대사를 생각한다』, 눈빛, 2002.

최태영, 『한국상고사』, 유풍출판사, 2000.

치우학회, 『치우연구(창간호)』, 한배달 , 2001.

칼 세이건, 『에덴의 공룡』, 전파과학사, 1980.

톰 하트만 저, 김옥수 옮김, 『우리 문명의 마지막 시간들』, 아람드리미디어, 2001.

편집부, 『시원문화를 찾아서』(역사문화 1), 한배달, 1995.

편집부, 『치우는 살아있다』, 사단법인 한배달, 1999.

편집부, 『환단고기』, 민족문화사, 1994.

하문식, "東北亞細亞 고인돌의 試論的 比較 研究"『白山學報』第59號, 白山學會, 2001.

한국고고학회 편, 『국가형성의 고고학』, 사회평론, 2008.

한국고대사학회 편, 『한국고대사연구』23, 서경문화사, 2001.

한국사시민강좌 편집위원회, 『한국사시민강좌』제1집-제29집, 일조각, 2001.

한국상고사학회, 『한국상고사』, 민음사, 1989.

한국상고사학회, 『한국상고사』2, 학연문화사, 1993.

한국생활사박물관 편찬위원회, 『한국생활사박물관』01-07, 사계절, 2000~2002.

韓國新聞放送人클럽편, 『韓民族의文化遺産: 古朝鮮.扶余.渤海』, 韓國新聞放送人클럽, 1995.

한국정신문화연구원 교학부연찬실 편, 『民族文化의 源流』, 한국정신문화연구원, 1980.

한배달, 『시원문화를 찾아서』, 컴네트, 1988.

한스-요아힘 파프로트 저, 강정원 옮김, 『퉁구스족의 곰의례』, 태학사, 2007.

한영우, "杏村 李嵒과 檀君世紀"『韓國學報』第96輯, 一志社, 1999.

한영우 · 이익주 · 윤영진 · 염정섭 공저, 『행촌 이암의 생애와 사상』, 일지사, 2002.

한재규, 『한단고기(만화)』1 2 3, 북캠프, 2003.

허진웅 저, 홍희 옮김, 『中國古代社會』, 東文選, 1998.

홍윤기, 『메이지유신의 대해부』, 인북스, 2003.

홍윤기, 『일본 속의 백제 구다라』, 한누리미디어, 2008.

홍윤기, 『일본 속의 한국 문화유적을 찾아서』, 서문당, 2002.

홍윤기, 『일본 천황은 한국인이다』, 효형출판, 2000.
황백현, 『일본교과서 한국역사 왜곡의 실제』, 국민독서운동회, 1992.
황상기, 『환국 6천년사, 대홍수의 년월일』, 환국역사학회, 1980.
E.H.카 저, 黃文秀 譯, 『역사란 무엇인가』, 범우사, 1993.

裁此紀異之所以漸諸篇也意在斯焉

古朝鮮 王儉
朝鮮

魏書云乃往二千載有壇君王儉立都阿斯達經云無葉山亦云白岳在白州地或云在開城東今白岳宮是開國號朝鮮與高同時古記云

昔有桓因謂帝釋也庶子桓雄數意天下貪求人世父知子意下視三危太伯可以弘益人間乃授天符印三箇遣往理之雄率徒三千降於太伯山頂即妙香山也神壇樹下謂之神市是謂桓雄天王也將風伯雨師雲師而主穀主命主病主刑主善惡凡主人間三百六十餘事在世理化時有一熊一虎同穴而居常祈于神雄願化為

人時神遺靈艾一炷蒜二十枚曰爾輩食之不見日光
百日便得人形熊虎得而食之忌三七日熊得女身虎
不能忌而不得人身熊女者無與為婚故每於壇樹下
呪願有孕雄乃假化而婚之孕生子號曰壇君王儉以
唐高即位五十年庚寅〔唐堯即位元年戊辰則五十年丁巳非庚寅也疑其未實〕都
平壤城〔今西京〕始稱朝鮮又移都於白岳山阿斯達又名
弓忽山又今旀達御國一千五百年周虎王即位己
卯封箕子於朝鮮壇君乃移於藏唐京後還隱於阿斯
達為山神壽一千九百八歲〔唐裴矩傳云高麗本孤竹
國〔今海州〕周以封箕子為朝鮮漢分置三郡謂玄菟樂浪

帶方〈北帶方〉 方通典亦同此記云

則真臨樂玄四郡今
二郡名又不同何耶

魏滿朝鮮

前漢朝鮮傳云自始燕時常畧得真番朝鮮〈師古曰戰國時屬燕〉此地也為置吏築障秦滅燕屬遼東外徼漢興為遠難守復修遼東故塞至浿水為界〈在樂浪郡〉師古曰浿水反入凶奴燕人魏滿亡命聚黨千餘人東走出塞渡浿水居秦故空地上下障稍役屬真番朝鮮蠻夷及故燕齊亡命者王之都王儉城〈李地名臣瓚曰王儉城在樂浪郡浿水之東〉以兵威侵降其旁小邑真番臨屯皆來服屬方數千里傳子至孫右渠〈師古曰右渠名〉右渠辰國欲上書見天子雍閼不通

『삼국유사三國遺事』古朝鮮(王儉朝鮮)

1) 고려 3대 정종의 이름이 요堯여서 이를 휘諱(피하다)하기 위해 고高라고 쓴 것이다.

2) 진나라 때 왕침王沈의 저서로 알려져 있다.

魏書에 云 乃往二千載에 有壇君王儉하시니 立都阿斯達하시고
(經云無葉山이오 亦云白岳이니 在白州地라 或云在開城東이라하니 今白岳宮이 是라)
開國號朝鮮하시니 與高[1]同時라.

『위서魏書』[2]에 이르기를, 지난 2,000년 전에 단군왕검께서 도읍을 아사달에 정하시고(경經에서는 무엽산無葉山, 또는 백악白岳이라고 하는데 백주白州에 있다. 혹 말하길 개성開城 동쪽에 있다고도 하는데 지금의 백악궁白岳宮이다) 나라를 세워 이름을 조선이라 하시니 요임금과 같은 시대라 하였다.

古記에 云 昔有桓国(謂帝釋也라)하니
庶子桓雄이 數意天下하사 貪求人世어늘
父知子意하시고 下視三危太伯하니 可以弘益人間이라

『고기』에 이르기를, 옛적에 환국이 있었다(제석帝釋이라 이른다). 서자부의 환웅이 천하를 건지려는 뜻을 가지고 인간 세상을 구하고자 하거늘, 환국의 아버지 환인께서 아들의 이런 뜻을 아시고 아래로 삼위산과 태백산을 내려다보니 널리 인간에게 이로움을 줄만한 지라

乃授天符印三箇하시고 遣往理之하신대
雄이 率徒三千하야 降於太伯山頂(卽太伯은 今妙香山이라)
神壇樹下하시니 謂之神市오 是謂桓雄天王也시니라
將風伯雨師雲師하사 而主穀主命主病主刑主善惡하시고

156

凡主人間三百六十餘事하사 在世理化하시니라.

이에 아들에게 천부天符와 인印 세 개를 주어 보내 이곳을 다스리게 하셨다. 이에 환웅이 무리 3,000명을 거느리고 태백산 꼭대기 신단수 아래(태백은 곧 지금의 묘향산이다)에 내려오시어 이를 **신시神市**라고 이르시니, 이분이 바로 환웅천왕이시다.

환웅께서 풍백, 우사, 운사를 거느리고 농사, 생명, 질병, 형벌, 선악 등 인간살이의 360여 가지 일을 주관하시며, 인간 세상에 함께 살면서 정치와 교화를 베푸셨다.

時에 有一熊一虎하야 同穴而居러니 常祈于神雄[3]하야 願化爲人이어늘
時에 神遺로 靈하니 艾一炷와 蒜二十枚라
曰 爾輩食之하고 不見日光百日하면 便得人形하리라.

이때 웅족과 호족이 같은 굴에 살았는데, 늘 삼신 상제님과 환웅님에게 사람이 되게 해달라고 빌었다.[4] 이에 환웅께서 신령스러운 것을 내려주시며 그들의 정신을 신령스럽게 하시니 그것은 곧 쑥 한 타래와 마늘[5] 스무 매였다.

환웅께서 이르시기를, "너희들이 이것을 먹으며 100일 동안 햇빛을 보지 않으면 능히 사람의 형체를 얻을 수 있으리라[6]" 하셨다.

熊虎得而食之하야 忌三七日에 熊得女身이나
虎不能忌하야 而不得人身이라
熊女者 無與爲婚 故로 每於壇樹下에 呪願有孕이어늘
雄乃假化而婚之하야 孕生子어시늘 號曰壇君王儉하니라.

웅족과 호족이 환웅께서 주신 쑥과 마늘을 먹으면서 스무 하루 동안을

3) 三神上帝님과 환웅님에게

4) 환족, 즉 광명의 민족이 되게 해달라고 빌었다.

5) 산蒜 : 마늘은 한나라 무제 때 장건이 들여온 것으로 시기적으로 맞지 않음. '달래(소산小蒜)'로 추정.

6) 야성을 벗어난 진정한 인간이 되리라.

삼감에 웅족은 여자의 몸이 되었으나 호족은 금기를 지키지 못하여 사람의 몸이 되지 못하였다. 웅족 여인이 혼인할 곳이 없으므로 매일 신단수 아래에 와서 아이를 갖게 해달라고 빌었다. 이에 환웅께서 웅족 여인을 임시로 광명의 민족으로 받아들여 혼인해 아들을 낳으시니 이름을 단군왕검이라 하였다.

以唐高 卽位五十年庚寅에(唐高卽位元年이 戊辰이니 則五十年은 丁巳오 非庚寅也니 疑其未實이라) 都平壤城(今西京)하시고 始稱朝鮮하시니라.
又移都於白岳山阿斯達하시니 又名弓(一作方)忽山이오
又今彌達이니 御國一千五百年이라
周虎王[7] 卽位己卯에 封箕子於朝鮮하니 壇君이 乃移藏唐京하시고
後還隱於阿斯達하야 爲山神하시니 壽一千九百八歲라.

당唐나라 요임금이 즉위한지 50년 되던 경인庚寅년(요堯가 즉위한 원년은 무진戊辰년으로 50년은 정사丁巳년이지 경인년이 아니므로 이것이 사실인지 의심스럽다)에 평양성(지금의 서경西京)에 도읍하고 비로소 조선이라 일컬었다. 또 도읍을 백악산 아사달로 옮겼는데 그곳을 궁홀산弓忽山(일명 방홀산方忽山), 또는 금미달이라고도 하니 이곳에서 1,500년 동안 나라를 다스렸다.

주나라 무왕이 즉위한 기묘(己卯 BCE 1,122)년에 무왕이 기자箕子를 조선에 봉하니, 이에 단군은 장당경으로 옮겨 가셨다가 뒤에 돌아와 아사달에 은거하여 산신이 되시니 수가 1,908세셨다.

唐裵矩傳에 云 高麗는 本孤竹國(今海州)이니 周以封箕子하야 爲朝鮮하고 漢分置三郡하니 謂玄菟樂浪帶方(北帶方)이라.
通典도 亦同此說이라.
(漢書는 則眞臨樂玄四郡이어늘 今云三郡이라하고 名又不同하니 何耶오)

당나라 『배구전裵矩傳』에 이르기를, 고구려는 본래 고죽국(지금의 해주
海州)인데 주나라가 기자를 봉하여 조선왕으로 삼았다. 한나라가 이를 나
누어 3군을 설치하여 현토, 낙랑, 대방(북대방北帶方)이라고 불렀다. 『통
전』에서 이르는 바도 역시 이와 같다.

　(『한서漢書』에는 진번·임둔·낙랑·현토의 네 군으로 되어 있다. 그
런데 여기에는 세 군으로 되어 있다 하였고 그 이름도 같지 않으니 무슨
까닭인가?)

桓檀古記

※이 『환단고기』 원문은 배달의숙본이며,
판본 그대로 역순으로 구성하였습니다.

十三世曰斯乞羅桓雄在位六十七年壽一百歲

十四世曰慈烏支桓雄世稱崔龙天王徙都青邱國在位一百九年壽一百五十一歲

十五世曰崔額特桓雄在位八十九年壽一百二十八歲

十六世曰祝多利桓雄在位五十六年壽九十九歲

十七世曰赫多世桓雄在位七十二年壽九十七歲

十八世曰居弗檀桓雄或云檀雄在位四十八年壽八十二歲

三聖紀全　桓檀古記　十

四世曰慕士羅桓雄在位一百七年壽一百二十九歲이시니시니라

五世曰太虞儀桓雄在位九十三年壽一百一十五歲이시니시니라

六世曰多儀發桓雄在位九十八年壽一百一十歲이시니시니라

七世曰居連桓雄在位八十一年壽一百四十歲이시니시니라

八世曰安夫連桓雄在位七十三年壽九十四歲이시니시니라

九世曰養雲桓雄在位九十六年壽一百三十九歲이시니시니라

十世曰葛古桓雄一云葛台天王又曰瀆盧韓在位一百年壽一百二十五歲이시오는시니라

十一世曰居耶發桓雄在位九十二年壽一百四十九歲이시오는시니라

十二世曰州武慎桓雄在位一百五年壽一百二十三歲이시오는시니라

伐軒轅攝政崖尤有兄第八十一人並獸身人語銅頭鐵

額食沙造五丘杖刀戟太弩威振天下崖尤古天子之鵠

也

神市歷代記

倍達桓雄定有天下之鵠也其所都曰神市後徙靑邱國

傳十八世歷年一千五百六十五年

一世曰桓雄天皇一云居發桓在位九十四年壽一百二

十歲

二世曰居佛理桓雄在位八十六年壽一百二歲

三世曰右耶古桓雄在位九十九年壽一百三十五歲

三聖紀全　　桓檀古記

乙

大作(하야)山河改換之義也(라)

崐龍天王(이)見炎農之衰(하시고)遂抱雄圖屢起天兵拔西又自索(하사)

度進兵據有淮岱之間(로)及軒侯之立也(에)直赴涿鹿之野(하야)搶(하야)

軒轅而臣之後(하시고)遣吳將軍西擊高辛有功(하야)(하니라)

時天下鼎峙(에)涿之北有大撓(하야)東有倉頡西有軒轅(하고)自相以

兵欲專其勝而未得也(으로)初軒轅稍後起放崐龍(하나)每戰不利(라)欲(하야)

依大撓而未得(하야)又依倉頡而不得(하고)二國皆崐龍之徒也(하니)(은)大(라)

撓嘗學干支之術(는)倉頡受符圖之文(하고)當時諸侯罔不臣事(은)

者亦以此也(는)(라)

司馬遷史記曰(에)諸侯咸來賓從而崐龍最爲暴天下莫能(이나)(하야)

時에族이驕驕不一하야俗이尙漸歧하야原住者를爲虎하고新移者를爲熊하니虎性은嗜

貪殘忍하야專事掠奪하며熊性은愚憨自恃하야不肯和調하니雖居同穴久

益踈遠하야未嘗假貸不通婚嫁事하며每多不服하야未有一其途

也러라至是하야熊女君이聞桓雄有神德하야乃率衆徃見曰願賜一穴

廛하야一爲神戒之盟하니雄乃許之하야使之奠接生子有産하야虎終不

能悛放之四海하니라桓族之興이始此焉하니라

後有蚩古桓雄이與炎農之國으로劃定疆界하시며又數傳而有慈烏

支桓雄이神勇冠絶하야以銅頭鐵額으로能作大霧하시며造九冶而採鑛하야

鑄鐵作兵하야天下大畏之하니世稱爲蚩尤天王이라하니蚩尤는俗言雷雨

剪除之志하시니라

三聖紀全

亘置古己

人

遵戒而得儀容하고虎則放慢不能忌而不得善業是二性之

不相若也能女者無與爲歸故每扵壇樹下에呪願有孕이어늘乃

假化爲桓而使與之爲婚하야懷孕生子有帳하니라

桓雄天王肇自開天生民施化하실새演天經講神誥大訓于衆하야九桓皆

自是以後로治无天王闢土地採銅鐵鍊兵興産時九桓皆하시니라

以三神爲一源之祖蘇塗主管境主責禍與衆議一歸하시며

爲和白並智生雙修爲居佺自是九桓悉統于三韓管境이시니라

之天帝子乃驕曰檀君王儉이시니라

密記云桓國之末에有難治之強族恚之桓雄乃以三神設하시며

教以佺戒爲業而聚衆作誓하야有勸懲善惡之法하시니自是密有

時에有盤固者好奇術하야欲分道而往請乃許之로라遂積財寶하고率
十十二支之神將與共工有巢有苗有燧偕至三危山
拉林洞窟而立爲君하야謂之諸畎이오是謂盤固可汗也라
於是에桓雄率衆三千이降于太白山頂神壇樹下하시고謂之神市요
是謂桓雄天王也시니라將風伯雨師雲師而主穀主命主刑主
病主善惡凡主人間三百六十餘事하야在世理化弘益人間하시니라
時에有一熊一虎同隣而居러니嘗祈于神壇樹하야願化爲神戒之하실새
桓雄聞之하시고曰可教也라하야乃以呪術換骨移神先以神遺靜解로
靈其艾一炷蒜二十枚하시고戒之曰爾輩食之하고不見日光百日이라야
便得人形이러라熊虎二族皆得而食之하고忌三七日하야熊能耐飢寒하야

三聖紀全

亘亶乃己

下篇　　　桓桓古言

桓國分言則卑離國(이오)養雲國寇莫汗國(과)勾茶川國(과)一羣國(과)

虞妻國(一云畢那國)과 客賢汗國勾牟額國(과)賣勾餘國(一云稷斯曰多國라)

納阿國鮮裨國(一云補永韋國或通古斯國)과 稷密爾國(이니)合十二國也天

海今曰北海傳七世歷年共三千三百一年或云六萬三(이라)

千一百八十二年未知孰是(라)

桓國之末安巴堅下視三危太白皆可以弘益人間誰可(일새)

使之五加僉曰庶子有桓雄勇兼仁智當有意於易世以(하오니)

弘益人間可遣太白而理之乃授天符印三種仍敕曰如(하시고)

今人物業已造完矣君勿惜厥勞率衆三千而往開天立(하야)

教在世理化爲萬世子孫之洪範也(하고어다)

元董仲 撰

人類之祖曰那般初與阿曼相遇之處曰阿耳斯夗得이시니으로를오

天神之教而自成昏禮則九桓之族皆其後也하야이라

昔有桓國衆富且庶焉初桓仁居于天山得道長生擧身하니이라에이하사하야

無病代天宣化使人無兵人皆佟力自無飢寒傳赫胥桓하시며하야이러니하야

仁古是利桓仁朱于襄桓仁釋提壬桓仁卸乙利桓仁至하니이라하야

智爲利桓仁或曰檀仁에호대하니이라

古記云汝奈留之山下有桓仁氏之國天海以東之地亦에은하니를

補汝奈留之國其地廣南北五萬里東西二萬餘里摠言이라요는

三聖紀全

百十六乙

六

壬戌秦始時에神人大鮮慕漱起扵熊心山하시니라

丁未漢惠時燕酋衛滿竊居西鄙一隅番韓準이爲戰不敵하야

入海而亾自此三韓所率之衆始邊民扵漢水之南하고一時하야

羣雄競兵扵遼海之東至癸酉漢武時漢移兵滅石渠西이러라

鴨綠人高豆莫汗이倡義興兵亦稱檀君이러라

乙未漢昭時에進據夫餘故都補國東明是乃新羅故壤也라

至癸亥春正月高鄒牟亦以天帝之子繼北夫餘而興復하야

檀君舊章柯鮮慕漱爲太祖始建元爲多勿是爲高句麗

始祖也시니라

設都阿斯達開國號朝鮮
檀君端拱無爲坐定世界玄妙得道接化羣生命彭虞闢
土地成造起宮室高矢主種稼臣智造書契奇省設醫藥
郡乙管版籍羲典卦筮尨作兵馬納菲西岬河伯女爲后
治蠶淳厖之治熙洽四表
丙辰周考時改國號爲大夫餘自白岳又徙旅藏唐京仍
設八條讀書習射爲課祭天爲敎田蠶是務山澤無禁罪
不及孥與民共議協力成治男有常職女有好逑家皆畜
積山無盜賊野不見飢絃歌溢域
檀君王儉自戊辰統國傳四十七世歷二千九十六年

三聖紀全　　　　　　　豆實 乙　　　五

弘益人間하시니라 立都神市國하시고 補倍達하야 擇三七日하시니 祭天神忌慎外

物하시며 閉門自修呪願有功하시며 服藥成仙劃卦知來執象運神

命群靈諸哲爲輔하시며 納熊氏女爲后하시고 定婚嫁之禮하시며 以獸皮爲

幣하야 耕種有畜하시며 置市交易하사 九域貢賦爲獸率舞後人奉之爲

地上最高之神하야 世祀不絶하니라

神市之季에 有治尤天王하사 恢拓青邱하시고 傳十八世하야 歷一千五百

六十五年이러라

後神人王儉이 降到于不咸之山檀木之墟하시니 其至神之德兼

聖之仁이 乃能承詔繼天而建極하사 巍蕩惟烈九桓之民이 咸悅

誠服하야 推爲天帝化身而帝之하시니 是爲檀君王儉이시며 復神市舊規하사

安含老 撰

吾桓建國最古有一神在斯白力之天爲獨化之神光明이라

照宇宙權化生萬物長生久視恒得快樂乘遊至氣妙契

自然無形而見無爲而作無言而行日降童女童男八百

於黑水白山之地於是桓因亦以監羣居于天界捊石發

火始教熟食謂之桓國是謂天帝桓因氏亦稱安巴堅也

傳七世年代不可考也라

後桓雄氏繼興奉天神之詔降于白山黑水之間鑿子井

女井放天坪劃井地放青邱持天符印主五事在世理化

三聖紀全

自蹈興欲哄喜欲狂也

一桓檀古記悉經海鶴李先生之監修而且余精勤繕寫

又因洪範圖吳東振兩友之出金付諸剞劂一爲自我

人間之發見主性而大賀也一爲民族文化之表出理

念而大賀也一爲世界人類之對合共存而大賀也

神市開天五千八百八年即光武十五年歲次辛亥五月

廣開節太白遺徒宣川桂延壽仁卿書于妙香山之檀窟

庵

萬丈光彩也라

一北夫餘紀上下는休崖居士范樟所撰也라舊有以檀君世
紀로合編者得放朔州梨洞李進士亨栻家檀君世紀與
白進士所藏으로無一字異同하고今又有別本而行扵世者하니此
本內容이自與前書로頗有所殊故로更不及之也라

一太白逸史는十堂主人李陌氏所編이니乃海鶴李沂先生
所藏也라盖桓檀以來相傳之教學經文이悉備取材典據가
可一見瞭然者也라且其天符經三一神誥의兩書全文俱
在篇中實爲郞家之大學中庸也니嗚呼桓檀相傳之三

一心法真在是書果太白真教重興之基歟手自舞足

凡例

凡例

一古記引用이始自一然氏之遺事나而今其古記를不可得見일재

乃以三聖紀檀君世紀北夫餘紀太白逸史合爲一書로하니

名曰桓檀古記라

一三聖紀有二種而似非完編이나安含老氏所撰은余家舊傳이니

今爲三聖紀全上篇이오元董仲氏所撰은得於泰川白進士

寬黙氏하니今爲三聖紀全下篇이니總謂之三聖紀全이라

一檀君世紀는紅杏村叟所編이니乃杏村先生文貞公所傳也라

此書亦得於白進士하니進士文藻古家라素多藏書而今

兩種史書俱出其家하니奚啻譬諸百朋之賜可謂祖國之

椵椵古訶

一

桓檀古記

編著 雲樵 桂延壽

桓檀古記